Elie Berthet

Der Waldmensch

Elie Berthet

Der Waldmensch

ISBN/EAN: 9783741167355

Hergestellt in Europa, USA, Kanada, Australien, Japan

Cover: Foto ©Andreas Hilbeck / pixelio.de

Manufactured and distributed by brebook publishing software (www.brebook.com)

Elie Berthet

Der Waldmensch

Der Waldmensch.

Von

Elie Berthet.

Teutsch

von

Dr. G. F. W. Rödiger.

Zweiter Theil.

Pest, Wien und Leipzig, 1863.
Hartleben's Verlags-Expedition.

I.

Der Gefangene.

Das Fort Neu-Drontheim lag, wie schon erwähnt, auf einem ziemlich hohen Vorgebirge, welches die Rhede und den Fluß beherrschte. Ein steiler, gewundener Pfad führte hinauf, und obgleich an diesem Tage der Himmel bewölkt war, mußte der Weg den Palankinträgern doch sehr sauer werden. Aber Richard, der neben der Sänfte ging, eiferte sie von Zeit zu Zeit an, und man erreichte ziemlich schnell den Haupteingang zum Fort.

Dieser Eingang hatte als Schutzwehr einen ziemlich tiefen Graben mit einer morschen Zugbrücke. Gewöhnlich durften die Einwohner der Colonie ungehindert das Innere besuchen; aber an diesem Tage stand eine holländische Schildwache in voller Uniform an der Brücke. Der Soldat hatte wahrscheinlich specielle Befehle erhalten, denn er ließ die Besucher ungehindert passiren und salutirte sogar, als sie vorbeikamen.

Das Fort hatte wenig Aehnlichkeit mit unseren nach dem Vauban'schen System erbauten europäischen Festungen, welche so einförmig und nackt aussehen. Es war auf allen Seiten von einer Mauer aus Bruchsteinen umgeben, in welcher ein Dutzend Schießscharten für schweres Geschütz

angebracht war. Die Kanonen waren freilich da, aber es
schienen nur zwei oder drei derselben zum Schießen taug-
lich; die anderen, deren zerbrochene oder verfaulte Laffetten
auf dem Boden lagen, verschwanden unter Unkraut und
Schlingpflanzen. Das Innere der sogenannten Festung
glich einem Ueberrest des Urwaldes. Hohe Bäume waren
durch üppig wuchernde Schlingpflanzen mit einander verbunden, und das darunter stehende Buschwerk ließ den
dienstthuenden Leuten kaum einen schmalen Weg.

Ein aus der offenen See kommendes Schiff hätte
diese üppig grüne Baumgruppe, welche auf dem Vorgebirge prangte, für den Park eines reichen Privatmannes
halten können, und im Falle eines Kampfes würde es nicht
gewußt haben, wohin es seine Schüsse richten sollte. Die
Schöpfer dieser Festung waren indeß nicht durch diese
Rücksicht bewogen worden, ihr das Aussehen eines schat-
tigen Gartens zu geben; aber ohne diese Vorsicht wäre
die Hitze ganz unerträglich auf diesem Felsen gewesen, und
die Schildwache, welche sich mit ihrer unbequemen Ausrüstung und mit ihrem schweren Gewehre den Sonnenstrah-
len ausgesetzt hätte, würde bald niedergesunken sein.

Der üppige Baumwuchs überwucherte die Magazine,
so wie das dem Gouverneur im Falle einer Belagerung
zugewiesene Haus und die Caserne; man mußte daher, um
diese Gebäude zu finden, das zu denselben führende Laby-
rinth von schmalen Wegen genau kennen. Palmer und die
Palankinträger verirrten sich indeß nicht; sie betraten ohne
Zögern einen gewundenen, aber gut geebneten Pfad, und
nach einigen Minuten kamen sie an ein kleines steinernes,

aber nur mit Palmblättern gedecktes Gebäude: dies war die Amtswohnung des Gouverneurs.

Als Mistreß Palmer und Eduard unter dem Vorsprunge der Veranda abstiegen, eilte Grudmann, der sie an einem Fenster des Erdgeschosses bemerkt hatte, herbei, um Elisabeth die Hand zu bieten. Der hochmögende Gouverneur hatte wegen der Hitze seinen Rock abgelegt und befand sich in einem nicht sehr imponirenden Negligé. Er wollte jedoch die Pflichten der Höflichkeit gegen die Besucher auf das Genaueste erfüllen, und während er sie in ein als Schreibstube dienendes Zimmer führte, sagte er im Tone des Vorwurfs zu Richard:

„Wahrhaftig, Palmer, das ist eine Hinterlist! Als Sie meinem Gefangenen heute Früh eine Menge schöner Früchte und Erfrischungen schickten, meldeten Sie mir wohl Ihren bevorstehenden Besuch; aber ich wußte nicht, daß die liebenswürdige Mistreß Palmer mir die Ehre und das Vergnügen erweisen werde — und Sie überrumpeln mich, wie Sie sehen."

Er nöthigte seine Gäste zum Sitzen, ohne deren Verstimmung und Niedergeschlagenheit zu bemerken. Eduard, der nicht unbeachtet bleiben wollte, zupfte ihn am Aermel und sagte ihm guten Morgen.

„Aha! Mein Freund Mynheer Eduard!" sagte der Gouverneur lachend; „ich heiße auch ihn willkommen, obschon ich auf seinen Besuch keinen hohen Werth legen darf; er würde gern dem Teufel einen Besuch machen, wenn er sich nur im Palankin tragen lassen kann."

Grudmann lachte laut; aber er bemerkte bald, daß Richard nicht in seiner gewohnten Stimmung war, und vielleicht hörte er auch das leise Schluchzen hinter dem langen Gazeschleier, in den sich Elisabeth gehüllt hatte. Er fügte in ernstem Tone hinzu:

»Ich habe auf diesen Besuch wohl zu viel Werth gelegt, denn er scheint nicht mir zu gelten.«

»Das ist wahr, lieber Major,« erwiederte Palmer. »Wir kennen den Commodore seit vielen Jahren, und wir wollen gegen ihn eine Pflicht erfüllen, welche Sie vielleicht errathen.«

»Ich weiß nicht, was Sie meinen, Palmer.«

Richard zeigte auf zahlreiche Papiere, die auf einem Tische lagen und aller Wahrscheinlichkeit dem Commodore gehörten.

»Sie haben also,« fragte er, »in diesen Schriften nichts entdeckt, was auf uns Bezug hat?«

»Nein, auf mein Wort! Aber wenn ich auch ein Geheimniß, das Mr. Palmer interessiren könnte, entdeckt hätte, so kann er sich überzeugt halten, daß es bei mir gut bewahrt ist.«

»Ich bezweifle es nicht, Grudmann, denn Sie sind immer gütig gegen mich gewesen.«

»Mein Mann hat Recht, Herr Major,« erwiederte Elisabeth, die ihren Schleier zurückschlug und ihr mit Thränen benetztes Gesicht zeigte. »Sie sind gütig, wenn auch zu streng in der Erfüllung Ihrer vermeinten Pflicht. Geben Sie uns jetzt einen neuen Beweis Ihrer Zuneigung, behandeln Sie Ihren Gefangenen mit Nachsicht. Wenn Sie wüßten, wie theuer er uns ist —«

Ein rascher Blick Richards gebot ihr Schweigen, sie würde sich sonst verrathen haben.

„Ich verlange nicht," versetzte Grudmann, „daß Sie mich von Ihrem Verhältnisse zu Sir George Stevenson in Kenntniß setzen, aber Sie dürfen mir auch nicht zumuthen, daß ich in meiner Wachsamkeit eine Milderung eintreten lasse, denn seine Gefangennahme ist in meinen Augen von großer Wichtigkeit. -

„Ich kann versichern, Major," entgegnete Palmer, „daß die Ursachen dieser unter anderem Namen unternommenen Reise des Commodore mir wohlbekannt sind, und daß die Politik und die Sicherheit dieser Colonie mit diesem unbesonnenen Schritte durchaus nichts zu thun haben."

„Sie mögen mir's immerhin betheuern und beweisen, ich dürfte Ihnen nicht glauben, ich muß an die Oberbehörde darüber berichten. Ich muß gestehen, daß die Papiere des Commodore meinen Argwohn bestätigen."

„Mein Gott! ist es möglich?" sagte Elisabeth mit tiefem Schmerz.

„Was! Major, Sie glauben, daß der Commodore Stevenson, einer der tapfersten Offiziere der englischen Marine . . ."

„Ich glaube, was wirklich ist, Palmer: der Commodore ist nicht auf Urlaub, wie man vermuthete; er führt das Commando der Fregatte „Dorothea", die vielleicht in unserer Nähe kreuzt, und dieser Umstand ist sehr erschwerend. Ein Offizier, der verkleidet in einen feindlichen Posten kommt, während er beträchtliche Streitkräfte zu seiner Verfügung hat, um einen Handstreich zu versuchen, sollte nicht verdächtig sein?"

Richard sah ein, wie ungünstig dieser Umstand für Sir Georges war.

»Sie denken also, Major,« erwiederte er, »daß die Fregatte »Dorothea« einen Angriff auf die Colonie machen werde?«

»Ich weiß es nicht; aber wenn's ihr einfallen sollte, so würde ich für einen angemessenen Empfang sorgen. Und wenn sie den Gefangenen befreien wollte, würde sie zu spät kommen, denn er wird diesen Abend nach Batavia abreisen.«

»Diesen Abend!« rief Palmer.

»Diesen Abend!« wiederholte Elisabeth erschrocken.

»Ja wohl; der Capitän Van Roer rüstet sich zur Abfahrt, und beim Eintritt der nächsten Flut wird hoffentlich Alles bereit sein.«

Der Major trat an's Fenster und zeigte durch eine Schießscharte einen Theil der Rhede und des Flusses, die ein großes Panorama unter ihm bildeten. Man sah wirklich trotz der Entfernung, daß eine ungemeine Regsamkeit am Bord der »Gertrud« herrschte. Viele Boote fuhren hin und her; die Matrosen und alle Hafenarbeiter, die man hatte auftreiben können, waren in Thätigkeit, um Wasser, Lebensmittel und Waaren an Bord zu bringen.

»Ja,« fuhr Grudmann fort, »Van Roer hat alle Hände voll zu thun. Er will den Fehler wieder gut machen, den er durch die Aufnahme und Ausschiffung dieser englischen Offiziers begangen, und er hat sich meiner Aufforderung, sofort in See zu gehen, willig gefügt. Ueberdies bewölkt sich der Himmel immer mehr, der Mousson kann von einer Stunde zur anderen umspringen, und es ist am besten, die Abfahrt zu beschleunigen. Diesen Abend wird er also Sir Georges mit vier Mann Escorte an Bord nehmen; dann habe ich in dieser fatalen Geschichte keine Verantwortung mehr."

Richard war nachdenklich, als ob er berechnet hätte, was für Folgen diese plötzliche Abreise für Sir Georges haben könne; aber Elisabeth war sehr betrübt, und sie versuchte noch einmal den Major zu rühren; ihr Mann bemerkte bald, wie fruchtlos diese Versuche waren.

"Liebe Elisabeth," unterbrach er, "bestürme den armen Grudmann nicht länger mit Bitten. Major, Sie wissen, daß wir den Commodore Stevenson zu sprechen wünschen."

"Das steht Ihnen frei," erwiederte der Gouverneur, der schnell aufstand, um den dringenden Bitten zu entgehen. "Ich will Sie sogleich zu ihm führen lassen."

Er rief einen Unteroffizier, der sich im Hausgange befand, und flüsterte ihm einige Worte zu. Der Soldat salutirte und war bereit, die Besucher zu dem Gefangenen zu führen. Eduard, der diese lange Unterredung wohl langweilig finden mochte, wollte sich aus dem Staube machen; aber sein Vater rief ihn zurück.

"Bleibe bei uns," sagte er zu ihm; "wo willst Du denn hin?"

Der kleine Schalk kam ganz kleinlaut zurück und erwiederte schmollend:

"Ich wollte nur in die Batterien gehen und auf den Kanonen reiten."

"Das Spiel könnte gefährlich werden, mein tapferer kleiner Freund," sagte der Major; "denn einige Kanonen stehen auf schwachen Füßen ... oder vielmehr Laffetten. Und dann sind sie immer voll von Reptilien und Insecten; es ist besser bei deinen Eltern zu bleiben."

„Ja," sagte Elisabeth leise zu dem Knaben; „Du sollst jetzt den Gentleman sehen, der so gut ist."

„So gut! Er wollte mich ja nicht küssen, und darum habe ich mich auch nicht in seinen Palankin gesetzt."

„Aber Du mußt ihn lieb haben ... zumal jetzt, da er unglücklich und in Gefangenschaft ist."

Eduard schien diese Worte nicht zu verstehen; aber der Ton seiner Mutter und die Thränen, die er in ihren Augen sah, besiegten seinen Widerstand, und er nahm schweigend ihre Hand.

„Entschuldigen Sie mich, daß ich Sie nicht begleite," sagte der Gouverneur mit der ihm eigenen Gutmüthigkeit, die mit einer unerschütterlichen Charakterfestigkeit verbunden war. „Sir Georges fühlt sich durch meine Anwesenheit unangenehm berührt, ich beschränke mich daher auf den allernothwendigsten Verkehr mit ihm. Er wird indeß gesehen haben, daß ich mich nicht ungestraft foppen lasse!"

Er ging wieder in seine Schreibstube, zündete gemächlich seine Pfeife an und fuhr in der Durchsicht der Papiere des Commodore fort.

Die Wohnung des Gouverneurs war nicht sehr groß, und man brauchte nicht weit zu gehen, um zu dem Gefangenen zu kommen. Am Ende des Ganges war eine starke Thür, zu welcher einige steinerne Stufen hinabführten. Der Soldat öffnete diese Thür und führte die Besucher in ein gewölbtes Zimmer, welches die Casematte des Forts zu sein schien.

Hier wurden im Falle einer Belagerung die Kriegsvorräthe aufbewahrt. Der gewölbte Raum erhielt durch ziemlich hoch angebrachte, vergitterte Maueröffnungen ein dürftiges Licht. Wegen der halb unterirdischen Lage war es hier sehr kühl: ein wesentlicher Vortheil in einem Lande, wo der Mensch Alles aufbietet, sich der drückenden Hitze zu entziehen. Aber es wimmelte von Insecten und der Anblick des Gewölbes war nichts weniger als einladend.

Man hatte sich indeß einige Mühe gegeben, dieses Gewölbe bewohnbar zu machen. Die genügende, wenn auch nicht bequeme Einrichtung bestand in einem Bett aus indianischem Rohr, in einem Tische, einigen Stühlen und Matten. Diese Einrichtungsstücke waren in China verfertigt; denn in den Colonien Oceaniens sind selbst die Europäer genöthigt, die Industrie der Bewohner des himmlischen Reichs in Anspruch zu nehmen; China ist so nahe und Europa so fern! Auf dem Tische sah man köstliche Früchte und verschiedene Erfrischungen, welche die Familie Palmer dem Gefangenen geschickt hatte; aber Sir Georges schien diese Geschenke nicht angerührt, ja nicht einmal beachtet zu haben.

Er ging mit langsamen, gemessenen Schritten in seiner düstern Klause auf und ab. Als er Elisabeth, die zuerst eintrat, erblickte, stand er still und lächelte wehmüthig; aber als er Palmer und Eduard bemerkte, gab er seinen Unwillen durch eine abwehrende Bewegung zu erkennen.

„Ich hatte nur meine Tochter verlangt," sagte er mit hartem Tone.

Diese englisch gesprochenen Worte wurden zum Glück von dem holländischen Soldaten, der die Familie Palmer einließ, nicht verstanden. Sobald als sie eingetreten war, verschloß er die Thür wieder, zog den Schlüssel ab und setzte sich draußen auf die Stufen, um die Besucher wieder auszulassen, wenn sie fortgehen wollten.

Elisabeth sank in die Arme ihres Vaters; Richard blieb, seinen Sohn an der Hand haltend, einige Schritte zurück.

»Wenn der Herr Commodore,« sagte er, »über unser gegenseitiges Verhältniß nachdenken will, so wird er vielleicht einsehen, daß Elisabeth sich nicht allein in's Fort begeben konnte, ohne zu mancherlei Vermuthungen Anlaß zu geben. Ohne ein Geheimniß, das Sir Georges selbst bewahren zu wollen scheint, preiszugeben, konnte ich nicht umhin...«

»Es ist richtig,« erwiederte der Commodore, »ich hatte nicht daran gedacht.«

Er wollte Elisabeth an das andere Ende des Gefängnisses führen, aber sie lehnte es ab.

»Vater,« sagte sie mit tiefer Wehmuth, »empfängst Du so meinen Mann und meinen Sohn, die Dir einen Beweis ihrer Zuneigung und Achtung geben wollen?«

Sir Georges nöthigte sie neben ihm Platz zu nehmen.

»Elisabeth,« sagte er leise zu ihr, »Du weißt wohl schon, daß der aufgeblasene Mensch, der hier den Befehl führt, meine sofortige Abreise angeordnet hat. Diesen Abend, bei Eintritt der Flut, soll ich am Bord der „Gertrud" abreisen. Bist Du endlich geneigt, mir zu folgen?«

»Vater, mein Entschluß ist unerschütterlich wie meine Pflicht; ich werde mich von meinem Gemal und meinem Kinde nie freiwillig trennen.«

Der Commodore senkte seufzend den Kopf. Elisabeth fügte hinzu:

„Bist Du denn jetzt noch im Stande, mich zu beschützen? Der Major sagte uns so eben, daß Du während deiner Reise hierher den Befehl über dein Schiff behalten und daß deine Lage dadurch verschlimmert werde. — Ach! Vater, warum hast Du Dich in solche Gefahr begeben?"

„Diese Gefahr, Elisabeth, schreckt mich nicht. Euer Major Grudmann ist nur ein alter Knasterbart, der sich wichtig machen will. Fünf Minuten Unterredung mit dem Generalgouverneur der holländischen Besitzungen werden genügen, um mich in Freiheit zu setzen. Wenn Du Dich also weigerst, mich zu begleiten, so will ich diesesmal allein abreisen; aber ich werde wiederkommen, und dann werde ich vielleicht mehr Glück haben."

„Du willst wiederkommen, Vater? Ist das gewiß?"

„Ja wohl, und bald."

Die junge Frau ließ den Kopf sinken.

„Vater," sagte sie traurig, „wenn Du wiederkommst, wirst Du mich nicht mehr finden."

„Was meinst Du damit, Elisabeth?"

„Vater, ich habe seit acht Jahren nicht ungestraft so viel gelitten. Von dem Tage an, wo ich, einer blinden und vor dem Gesetz sträflichen Leidenschaft folgend, deine väterliche Gewalt verkannte, hat mich ein Verhängniß verfolgt; das Unglück hat mich in Denen, die mir theuer sind, getroffen; es ist vielleicht eine Strafe Gottes für meinen Ungehorsam! Meine Kräfte haben sich in diesem langen Kampfe erschöpft; dieses verderbliche Klima hat das Uebrige gethan. Meine Prüfungszeit ist bald zu Ende."

„Was! unglückliches Kind, wäre es möglich?"

»Ich fühle es, Vater, daß ich wahrscheinlich auf ewig von Dir Abschied nehmen werde. Aber ich werde wenigstens nicht sterben, ohne deine Verzeihung erhalten zu haben, und dieser Gedanke wird meinen letzten Augenblick versüßen.«

Der Commodore sah sie starr an, als ob er die Spuren dieses Uebels, das so verderblich wirken sollte, auf ihrem Gesicht hätte suchen wollen. Die junge Frau war noch schön, und ihre Wangen hatten einen Anflug von Röthe; aber sie war so schwach, so wankend, daß ihre traurigen Ahnungen bald zur Wahrheit werden zu müssen schienen.

»Elisabeth,« sagte Sir Georges mit unsicherer Stimme, »was fällt Dir ein? Du bist ja noch so jung und blühend. Wenn ich es glaubte, so würde ich Dich mitnehmen, und müßte ich Dich mit Gewalt fortschleppen!«

»Es würde schon zu spät sein, Vater. Ich kann mich über meinen Zustand nicht täuschen; ich bitte Dich daher, die Wünsche zu erhören, die ich Dir vortragen will; betrachte sie als die Wünsche einer Sterbenden.«

Sir Georges forderte sie durch einen Wink auf zu reden.

»Ich habe zwei Bitten an Dich,« fuhr sie in feierlichem Tone fort; »Du wirst sie deiner Tochter, die Dir einst so theuer war, nicht verweigern. Vor Allem will ich noch einmal dein Mitleid, deine Gerechtigkeit für meinen theuren, unglücklichen Richard anrufen. O, zieh' deine Stirn nicht in so düstere Falten, lieber Vater! Ich rufe den Himmel zum Zeugen an, mein Mann ist rein von den Verbrechen, die man ihm Schuld gibt. Der Tod des

Capitán Bolingbrocke am Hafen von Madras war nur ein
unglücklicher Zufall. Ich war Zeuge des ganzen Vor-
falles, hätte Richard diesen rohen Angriff nicht abgewehrt,
so weiß ich nicht, was aus ihm und mir geworden wäre;
die von den Franzosen, seinen Landsleuten, gegen ihn erhobene Anklage auf Verrath und Einverständniß mit dem
Feinde ist falsch und ungereimt, ich betheure es."

"Deine Versicherung, Elisabeth, würde nicht genügen,
um deinen Mann zu rechtfertigen; die Aufhebung seiner
Verurtheilung könnte nur auf klare, überzeugende Beweise
erfolgen."

"In Pondichéry ist ein unerhörter, bis jetzt noch nicht
aufgeklärter Betrug gespielt worden; aber unser Verdacht
ist längst auf einen Mann gefallen, der unter dem Schein
der Großmuth und Hingebung unser Vertrauen schändlich
getäuscht hat; ich meine jenen Dubarail, der im Dienste
meines Mannes stand und ihm den Geleitsbrief zur Reise
durch das englische Lager übergab. Heute gibt er keine
Antwort auf unsere gemachten Forderungen, denn es sind
ihm beträchtliche Summen anvertraut worden. Seit der
letzten Katastrophe haben wir erfahren, daß Dubarail, dem
wir unser Vertrauen geschenkt hatten, ein geschickter Fäl-
scher sei; man hat die Gewißheit, daß er Frankreich verlassen hatte, um sich einer gerichtlichen Verfolgung zu entziehen. Es ist jetzt ein Leichtes, Nachforschungen anzustellen,
die uns in unserer Lage nicht vergönnt sind. Pondichéry,
die vormalige französische Niederlassung, ist jetzt eine englische Besitzung. Erkundige Dich nach diesem Dubarail,
suche ihn auf; wenn er noch da ist, nimm ihn in's Verhör,
und vielleicht erhältst Du von ihm den Beweis, daß mein

armer Richard das Opfer einer schändlichen Intrigue geworden ist."

Der Commodore war nachdenklich; vielleicht stieg zum ersten Male ein Zweifel über Richards Schuld in ihm auf.

"Elisabeth," erwiederte er, "kannst Du mir über die fragliche Person einige Andeutungen geben?"

"Richard hat über diese Angelegenheit eine kleine Denkschrift verfaßt und verschiedene Beweisstücke gesammelt, die zur Entdeckung der Wahrheit führen können. Ich will ihn darum ersuchen."

Sie trat auf ihren Mann zu und sprach leise mit ihm. Palmer nahm aus seiner Brusttasche einige Papiere, welche sie nahm und ihrem Vater übergab. Der Commodore warf einen flüchtigen Blick auf dieselben.

"Gut," sagte er, "ich will diese Papiere mit gebührender Aufmerksamkeit lesen. Ich werde mich, wenn's sein muß, nach Pondichéry begeben; ich werde nichts versäumen, um vollständige Gewißheit zu erlangen. — Aber Du hast noch eine Bitte an mich, Elisabeth."

"Ja, Vater, und diese liegt mir nicht minder am Herzen als die erste. Die zweite Bitte betrifft meinen Eduard, den Du zurückweisest und dessen Zukunft sehr traurig sein würde, falls Du ihm Deinen Beistand fernerhin verweigerst. Soll denn der arme Knabe für mein Vergehen büßen? Wirst Du ihm nicht die Hand reichen, um ihn in die Gesellschaft zurückzuführen, aus der er seit seiner Geburt verbannt war? O, versprich mir, daß Du Dich meines Sohnes annehmen willst, und dieses Versprechen wird der Trost meiner letzten Stunde sein."

Als Sir Georges mit der Antwort zögerte, winkte sie Eduard zu sich.

Der Knabe saß auf dem Schooße seines Vaters. Er fühlte sich in dem Halbdunkel und in dem Schweigen, zu welchem man ihn verurtheilte, sehr unbehaglich; um sich zu zerstreuen, hatte er eine schöne Orange vom Tische genommen und sog den süßen Saft aus.

Er eilte freudig hüpfend zu seiner Mutter. Die arme Elisabeth hob ihn mit Mühe auf und hielt ihn dem Commodore vor die Augen.

"Sieh ihn an, Vater," sagte sie; "sieh ihn recht genau an. Ist er nicht dein Ebenbild?"

Sir Georges warf einen festen, durchdringenden Blick auf Eduard, der die Augen nicht niederschlug. Die Aehnlichkeit war wirklich auffallend trotz der Verschiedenheit zwischen dem gebräunten, faltigen, fast harten Gesicht des Seemannes und dem blühenden, rosigen, schalkhaften Antlitz des Knaben. Es waren dieselben stark ausgeprägten Umrisse, dieselben ausdrucksvollen, kühnen Züge, und wir wissen, daß die Charaktere ebenfalls die gleiche Zähigkeit und Zügellosigkeit hatten. Diese Merkmale der Aehnlichkeit waren unter den obwaltenden Umständen von großer Wichtigkeit, und Elisabeth hatte es instinctmäßig erkannt. Sie bemerkte daher mit unaussprechlicher Freude, daß die Gesichtszüge des Commodore einen milderen Ausdruck annahmen.

"Mein Kind," sagte Sir Georges zu Eduard, der diese Musterung, ohne das Gesicht im mindesten zu verändern, ausgehalten hatte," gestern wolltest Du mir einen

Kuß geben und ich wollte es nicht. Willst Du mich noch küssen?«

»Ja,« antwortete der Knabe, ohne sich zu besinnen.

»Warum denn, Eduard? Etwa nur, weil man Dir gesagt hat, daß Du mich lieb haben müssest?«

»Nein.«

»Warum denn?«

Vater und Mutter hatten große Angst; sie fürchteten, der kecke Knabe werde eine Antwort geben, welche in diesem entscheidenden Augenblicke den reizbaren Commodore verletzt haben könnte. Elisabeth umschlang ihren Sohn fester, gleichsam um ihn zu warnen. Er antwortete in seiner naiven Weise:

»Ich will's Euch sagen. Gestern konntet Ihr gehen, wohin Ihr wolltet, Ihr ließt Euch im Palankin tragen und schienet allen Leuten zu befehlen. Heute seid Ihr in diesem häßlichen dunklen Zimmer, und Ihr dürft nicht ausgehen, und ich habe an der Thür einen Soldaten gesehen, der Euch bewacht. Jetzt küsse ich Euch gern, und ich will mit Euch spielen, um Euch die Zeit zu vertreiben.«

Diese einfache Antwort, in welcher so viel kindliches Zartgefühl lag, machte den Eltern große Freude, der Commodore aber schwieg.

»Höret,« fuhr Eduard fort, »soll ich dem Soldaten sagen, daß er Euch hinauslasse? Ich kenne ihn, er heißt Capellan. Er hat mich oft auf seinem Rücken getragen, er hat mich gern. Dann gehe ich zu dem Major Grudmann; nicht wahr, er hat hier zu befehlen? Er thut Alles, was ich von ihm verlange. Ihr müßt mit uns nach Hause gehen, und meine Cousine Anna sehen. Wollt Ihr?«

Sir Georges ward endlich durch seine Gefühle überwältigt.

„Das ist Gemüth, Hochherzigkeit, Entschlossenheit," sagte er; „ich werde ihn lieb haben, Elisabeth, ich verspreche es Dir."

Er drückte Eduard mit Innigkeit an seine Brust.

Die arme Mutter war hochbeglückt.

„Richard, Richard!" sagte sie, die Hände faltend, „er hat unser Kind umarmt!"

Palmer selbst war tief bewegt, aber er näherte sich nicht. Sir Georges bemerkte seine absichtliche Zurückhaltung; er stellte Eduard auf die Füße und trat auf seinen Schwiegersohn zu:

„Richard de Beaulieu," sagte er mit einer Stimme, die nicht mehr so hart war wie sonst; „es hängt nicht von mir ab, diese Aussöhnung vollkommen zu machen. Ich kann und darf Ihnen noch nicht die Hand bieten, aber ich fange an zu hoffen, daß es mir einst vergönnt sein werde es zu thun. Diesen Morgen noch glaubte ich nicht, daß dieser Tag jemals kommen werde. Es ist Zeit, uns zu trennen. Mein Aufenthalt hier war kurz und ist durch ein Mißgeschick getrübt worden; er wird indeß für uns Alle nicht erfolglos sein. Ich weiß, daß meine geliebte Tochter, deren Verlust ich so tief beklagt, mir ihre volle Achtung und Zuneigung bewahrt hat; ich weiß, daß ich einen talentvollen, gut gearteten Enkel habe, der einst meiner würdig werden kann; ich weiß endlich, daß mein Schwiegersohn, den ich gehaßt und verachtet, sein trauriges Schicksal vielleicht nicht verdient hat. Vielleicht," fügte er mit bitterem Lächeln hinzu, „mußte ich in Gefangenschaft gerathen und einer verächtlichen Handlung verdächtig erscheinen, um einzusehen, wie trügerisch und verhängnißvoll oft der Schein ist! Wenn Sie, wie ich es wünsche, Richard, wirklich schuldlos sind, so verlieren Sie den Muth nicht; sobald ich frei bin, begebe ich mich nach Pondichéry, nach Madras, und wenn ich mich in Ihnen nicht getäuscht habe, so soll Ihnen volle Gerechtigkeit werden, darauf verlassen Sie sich."

Palmer vermochte kaum einige Worte des Dankes zu stammeln. Elisabeth fiel dem Commodore um den Hals und sagte mit Entzücken:

„Ich sagte es Dir ja, Richard, daß mein Vater ein guter, edler, hochherziger Mann ist."

„Und Du, liebe Elisabeth," fügte Sir Georges mit zärtlicher Besorgniß hinzu, „verzage nicht, wenn ich Dich verlasse. Ich will hoffen, daß die Gefahr, in der Du Dich befindest, nicht so groß ist, wie Du fürchtest. Deine Krankheit kommt von der Unruhe, in der Du Dich seit deiner unglückseligen Heirat befunden hast. Meine Verzeihung, meine Liebe, die Hoffnung einer baldigen Wiedervereinigung werden Dir Gesundheit und Leben wieder geben."

„Gott erhöre Dich, Vater!" sagte die junge Frau. „Ja, ich hoffe es, ich werde leben, um das mir in naher Zukunft verheißene unaussprechliche Glück zu genießen. — Sieh, ich fühle mich schon stärker, muthiger; an der Seite meines Mannes und meines Kindes will ich die ersehnte Freude erwarten. Komm' bald wieder, lieber Vater, und vielleicht wirst Du deine arme Elisabeth noch finden, vielleicht werden ihr die kostbaren Güter, die Du ihr bringen willst, noch zu Theil werden."

Die ganze Familie schien jetzt überglücklich und Eduard wurde, ohne die Ursache dieser stürmischen Zärtlichkeit zu begreifen, von Vater, Mutter und Großvater umarmt.

Es war indeß Zeit, Abschied zu nehmen, denn die Stunde der Abfahrt des Schiffes war nicht mehr fern. Richard nahm sich vor, an den Hafen zu gehen, um den Reisenden noch einmal zu begrüßen; aber Elisabeth mußte sich nach Hause begeben, denn sie hätte sich in Gesellschaft ihres Vaters nicht öffentlich zeigen können, ohne Anlaß zu unwillkommenen Vermuthungen zu geben. Man nahm also Abschied; die Trennung war jedoch nicht herzzerreißend; man betrachtete jetzt die Gefangenschaft des Commodore als einen ziemlich gleichgiltigen Umstand. Als sich die Familie Palmer entfernen wollte, legte Sir Georges die Hand auf den Kopf seines Enkels und sagte tief bewegt:

„Sei gesegnet, mein Kind; Du hast mit deiner Offenheit und Arglosigkeit mein Herz gerührt und mich gerechter gemacht. Du bist die Vergessenheit der Vergangenheit, die Hoffnung der Zukunft; und wenn noch gehässige Erinnerungen sich mir aufdrängen sollten, so würde ich mir dein anmuthiges Bild vergegenwärtigen, um mich zu erheitern und meinen Schmerz zu lindern."

Er drückte noch einen Kuß auf Eduards Stirn, dann wandte er sich zu den entzückt zuhörenden Eltern und fügte hinzu:

„Elisabeth, Richard, habet ein wachsames Auge auf ihn; dieser liebe Knabe kann mehr als irgend Jemand das Unterpfand einer vollständigen Aussöhnung werden, wie Ihr sie wünschet, und vielleicht werden wir Alle ihm das Glück unserer letzten Lebenstage verdanken."

Man nahm noch einmal rührenden Abschied und trennte sich.

Im Corridor fand die Familie Palmer den Soldaten, der, nachdem er sich von der Anwesenheit des Gefangenen überzeugt hatte, die Thür sorgfältig wieder verschloß und den Besuchern bis zum Schreibzimmer voranschritt. Hier erwartete sie Grudmann, der inzwischen seine Staatsuniform angezogen hatte.

„Sie haben den grimmigen Commodore gesprochen, Palmer," sagte er, „sind Sie mit ihm zufrieden?"

„Ich habe es Ihnen schon gesagt, Major; er mag mir Unrecht gethan haben, aber er ist der aufrichtigste, biederste Mann, und verdient den schmählichen Argwohn wahrlich nicht..."

„Gut, gut; wenn das ist, so hat er gar keine Ursache, sich viele Sorgen zu machen. Er wollte am Bord der „Gertrud" nach Batavia zurückkehren; sein Wunsch soll erfüllt werden; ein längerer Aufenthalt wäre auch nicht zulässig, denn Sie sehen, daß sich das Wetter trübt und daß der Mousson sich drehen wird. Das Schiff muß daher schleunigst in See gehen, wenn es nicht lange im Hafen liegen bleiben will. Uebrigens wird der Commodore sich an Bord nicht zu beklagen haben; er bekommt dieselben Bequemlichkeiten wie auf der ersten Fahrt, eine gute Cajüte, frisches Fleisch und grünes Gemüse. Die Schiffsmannschaft wird jedoch um vier Mann verstärkt, welche den Gefangenen an den Admiral abzuliefern haben."

„Nach Allem, was ich sehe, lieber Major, haben Sie die Absicht, Sir Georges mit der seinem hohen Range und seinen persönlichen Verdiensten würdigen Rücksicht zu behandeln?«

»Allerdings; im Grunde ist er freilich nur ein englischer Spion, und er wollte dem Gouverneur dieser Colonie eine Nase drehen!«

Palmer wollte dies in Abrede stellen; aber Elisabeth nahm seinen Arm und ließ ihm keine Zeit zu antworten.

II.
Die Abreise.

Als die Familie Palmer sich im Fort befand, konnte sie sich überzeugen, daß der Major vollkommen Recht hatte, einen Wechsel der Jahreszeit oder vielmehr des »Mousson«, wie man im indischen Meere sagt, vorherzusagen. Die Wolken, die sich seit einigen Tagen an dem sonst so reinen Himmel von Sumatra gezeigt hatten, verhüllten jetzt die Sonne, und Massen von Dämpfen, aus dem Meere aufsteigend, verdunkelten die Luft. Die Hitze blieb dabei sehr drückend; alle lebenden Wesen fühlten sich unbehaglich, gedrückt; die Natur selbst war gleichsam krank und schien Zuckungen anzudeuten, die unter dem Aequator so furchtbar sind. Ein heißer Wind blies nur stoßweise, und gleichwohl bewegten sich die Blätter der Kaffee- und Zimmetbäume unaufhörlich, während große, schwerfällige Wogen sich mit großem Getöse am Strande brachen.

Dieses drohende, großartige Bild trat noch deutlicher hervor, als man aus dem Fort kam und die Zugbrücke erreichte, wo man eine freie Aussicht über die Rhede, den Fluß und das ganze Thal bis zum Walde hatte. Die Alleen hingegen waren menschenleer, die Pflanzungen verödet; die Thätigkeit hatte sich um das segelfertige Schiff vereinigt. Die Matrosen arbeiteten gemeinschaftlich mit den Schwarzen und Malayen an der Einschiffung der Ladung; aber alle stürzten sich, den Krokodilen zum Trotz, von Zeit zu Zeit in den Fluß, um sich abzukühlen und neue Kräfte für die schwere Arbeit zu sammeln. Uebrigens war eine Todtenstille über Land und Meer verbreitet.

Elisabeth hatte ihren Palankin wieder bestiegen und versuchte vergebens sich mit ihrem großen japanischen Fächer einige Kühlung zu verschaffen. Eduard hatte die Erlaubniß erhalten, bei seinem Vater zu bleiben, und er betrachtete Alles mit unermüdlicher kindischer Neugierde.

Als man den zur Colonie führenden gewundenen Pfad hinabstieg, wurde die Ruhe der Ebene durch einen plötzlichen Tumult gestört. Man hörte zuerst mehrere Flintenschüsse, dann verworrenes Geschrei. Der Lärm kam nicht vom Flusse her, denn die Schiffleute und Arbeiter verhielten sich ganz ruhig, sondern aus dem Dorfe und sogar, wie es schien, von Palmer's Wohnhause.

Richard stand still und befahl den Trägern, ebenfalls stehen zu bleiben. Es konnte gefährlich sein, weiter zu gehen, und es war rathsam zu warten, bis man erfuhr, was es gab. Elisabeth neigte sich besorgt aus ihrer Sänfte, um zu fragen, warum Halt gemacht werde; aber eine Erklärung war nicht nothwendig.

Das Schreien und Schießen fing plötzlich wieder an, und man sah in einiger Entfernung, mitten in den Pflanjungen, eine bunte Menschenmenge nach allen Richtungen auseinanderlaufen, als ob sie verfolgt werde. Der Urheber dieses Tumultes war ein Wesen von riesiger Gestalt, dessen Bewegungen eine staunenswerthe Gewandtheit verriethen. In einem Augenblicke wurden drei oder vier Personen zu Boden geworfen, und unter diesen befand sich ein Mann mit einem großen Sonnenschirm. Nach dieser gewaltigen Kraftäußerung kletterte der Sieger auf einen nahen Palmbaum und verschwand, von Baum zu Baum springend, bald in den dichtbelaubten Zweigen.

„Das ist der Orang-Utang," sagte endlich Richard, der den Auftritt mit gespannter Aufmerksamkeit beobachtet hatte.

„Der arme Waldmensch!" rief Eduard; „man hat ihn also entdeckt!"

Aber Niemand beachtete das offen ausgesprochene Bedauern des Knaben.

„Ist das nicht unser Freund Van Stetten?" fügte Richard hinzu. „Ich glaube ihn dort unten liegen zu sehen. Ja, aber er steht auf, und auch die Andern richten sich wieder auf. Sie werden wohl mit dem Schrecken davongekommen sein. Der Orang hatte keinen Stock, und das war ihr Glück."

„Gott sei gelobt!" seufzte Elisabeth, die auf die Polster ihrer Sänfte zurücksank; „die Orangs sind furchtbare Thiere!"

„Vater!" sagte Eduard, „der arme Waldmensch hat ja Niemanden etwas zu Leide gethan; wird man ihn denn noch verfolgen, und wohl gar todtschießen? Ich will es nicht, er ist mein Freund."

„Es muß sein," erwiederte Richard; „er macht die Gegend unsicher und muß so bald wie möglich erlegt werden. — Nur vorwärts!" rief er den Palankinträgern zu, „es ist keine Gefahr vorhanden."

„Eduard, nimm deinen Vater bei der Hand," sagte Elisabeth mit ängstlicher Hast.

Man setzte sich wieder in Bewegung. Das Schreien und Schießen dauerte fort, aber man hörte es nur noch in großer Entfernung. Im Dorfe begegnete man dem Doctor Van Stetten, der ganz kreuzlahm war und mit zerrissenen, bestaubten Kleidern seiner Wohnung zuhinkte.

Palmer ließ noch einmal Halt machen, um Näheres von ihm zu erfahren.

„Ach! meine lieben Nachbarn," sagte er mit tragikomischem Tone, „an diesen verwünschten Orang werde ich mein Leben lang denken. Er ist weder Mensch noch Thier, sondern ein losgelassener Teufel, der stählerne Sehnen hat und ohne Flügel in der Luft fliegt. Man hat ihn aus dem großen Ebenholzbaum neben Ihrem Garten vertrieben und von Baum zu Baum bis auf Ihr Pfefferfeld gejagt; aber ehe wir's uns versahen, fiel er wie ein Donnerkeil mitten unter uns. Er hatte keine andern Waffen, als seine langen Arme und seine furchtbaren Fäuste, und trotzdem warf er Alles nieder, was ihm in den Wurf kam, und entwischte uns so geschwind, daß Niemand begriff, wie die Sache zugegangen war."

„Es ist aber Niemand in dem Tumult verwundet worden?" fragte Palmer.

„Elephantentödter hat sich im Fallen einige Zähne eingeschlagen und sein Gewehr zerbrochen... Sie wissen, die alte Luntenflinte. Er wird dem Orang diesen Schabernack nie verzeihen."

"Nun, ich schenke ihm ein anderes Gewehr. Und die Zähne eines Malayen sind nicht viel werth."

"Ein Schwarzer hat sich, wie es scheint, einen Arm ausgesetzt, das geht mich an."

"Und Sie selbst, lieber Doctor," fragte Elisabeth, "sind Sie nicht mißhandelt worden?"

"Sprechen Sie nicht davon, liebe Dame; ich bin so gewaltig zu Boden geworfen worden, als ob mich ein Windmühlenflügel getroffen hätte. Mein Hut ist eingedrückt, meine Brille zerbrochen; die Rettung meines Lebens verdanke ich vielleicht meinem Sonnenschirm, der den Schlag des Orangs parirt hat. Sehen Sie nur, wie er zugerichtet ist!"

Er versuchte vergebens, das zertrümmerte Regen- oder Sonnendach aufzuspannen, es war nur noch ein förmliches Bündel zerbrochenen Holzes, verbogener Fischbeinstangen und zerrissenen Stoffes.

Richard und sogar Elisabeth konnten sich eines Lächelns nicht erwehren, während Eduard in seiner naiven Freude leise sagte:

"Ha! ha! mein Freund der Waldmensch hat sich tüchtig gewehrt! — Herr Doctor," fragte er, "ist der Orang verwundet?"

"Nein, mein Kind; die Kugeln gleiten an seiner Haut ab, als ob er verzaubert wäre. Seine Bewegungen sind so rasch, daß ihm unsere besten Schützen nichts anhaben konnten."

Man sah jetzt mehrere Jäger in's Dorf zurückkommen und lebhaft mit den Leuten sprechen; in der Ferne dauerte das Geschrei fort.

»Was gibt's noch?« fragte Palmer; »sollte der Orang hierherkommen?«

Elisabeth erschrak und Van Stetten hielt seinen zerbrochenen Sonnenschirm wie ein schußfertiges Gewehr; aber es war ein falscher Lärm, die ruhige Haltung der Dorfbewohner deutete auf keine nahe Gefahr. Ein Schwarzer der Pflanzung, der vom Kampfplatz zu kommen schien, eilte auf seinen Herrn zu.

»Nun, was für Nachrichten bringst Du, Darius?« fragte Richard.

»Ach! Massa,« antwortete der Neger mit sonderbaren Geberden, die eben so gut Freude als ein anderes Gefühl ausdrücken konnten, »er ist gefangen.«

»Wer ist gefangen?«

»Er . . . der Mensch, der nicht spricht.«

»Was sagst du?« fragte Van Stetten; »Ihr habt den Affen lebend gefangen? das ist unmöglich! Er würde Euch Alle zwanzigmal zermalmt haben, ehe ihm Einer nahegekommen wäre.«

»Ach! Massa,« sagte Darius lachend, »er ist gefangen, aber wir haben ihn noch nicht.«

»Was faselt der schwarze Kerl? Erkläre Dich doch deutlich, Du Schöps!«

Der arme Darius, über die harten Worte des Doctors ganz verblüfft, gab verworrene Antworten. Palmer befragte ihn nun mit mehr Gelassenheit, und so kam die Wahrheit an den Tag.

Der Orang hatte sich, nachdem er den Jägern entwischt war, gerades Wegs dem Walde zugewandt und hatte einen bedeutenden Vorsprung bekommen. Zum Unglück war zwischen den Pflanzungen und dem Urwalde eine baumlose Strecke, so daß er über das freie Feld laufen mußte, um seinen gewöhnlichen Versteck zu erreichen. Auf einen dicken Stock gestützt, den er so eben von einem Eichenbaum abgebrochen, lief er so schnell wie möglich, aber einige seiner Verfolger, die einen Umweg gemacht hatten, kamen ihm entgegen. Anfangs schwenkte er seine Keule, um sich seiner Feinde zu erwehren; aber die Kugeln und Pfeile schwirrten an seinen Ohren vorüber, und der Waldmensch fühlte, trotz seines Muthes, das Bedürfniß, sich rasch vor den Geschossen zu schützen. In dieser Verlegenheit faßte er einen Entschluß, der unheilvolle Folgen für ihn haben konnte.

Das Thal von Neu-Drontheim breitete sich, wie schon erwähnt, am Fuße hoher vulkanischer Berge aus, und an der Stelle, wo der Orang so in die Enge getrieben war, ragten einige Basaltfelsen in die Ebene hinein. Mitten in diesen Felsen ist eine tiefe Höhle, in welcher ein Bach entspringt, der sich zwischen den Felsblöcken eine schmale Schlucht gebildet hat. Letztere führte allein zu der Höhle.

In diese enge Schlucht eilte der Waldmensch, vielleicht in der Erwartung, von da den bewaldeten Gipfel der Felsen zu erreichen, aber er ward bald enttäuscht. Am Ende des Engpasses befand er sich in einer Vertiefung mit senkrechten, glatten, marmorharten Wänden. Er wollte sogleich umkehren, aber es war schon zu spät. Die ganze Jägerschaar stürzte sich, wie eine Meute von Hetzhunden, in den Eingang der Schlucht und entsendete Kugeln und Pfeile in die Felsenspalte; der Rückzug war unmöglich.

Der Orang zog sich grimmig knurrend zurück und schlug mit seiner Keule an den harten Felsen, in das emporsprudelnde Wasser. Seine Verfolger verloren keine Zeit; einige schrien laut, um den Waldmenschen zu erschrecken, andere wälzten große Felsblöcke in die enge Schlucht und ließen kaum hinlänglichen Raum für den Abfluß des Wassers. So war der riesige Affe in wenigen Augenblicken eingesperrt wie in einem Gefängnisse, aus welchem er trotz seiner außerordentlichen Kraft und Gewandtheit nicht mehr entkommen konnte.

Diese Nachricht hatte der Neger seinem Herrn zu überbringen; zugleich sollte Darius ein Gewehr für den Elephantentödter holen. Der Malaye hatte das seinige in dem ersten Tumult zerbrochen, und da er Tag und Nacht bei der Lavaquelle Wache stehen wollte, so brauchte er eine Waffe für den kaum möglichen Fall, daß der Waldmensch noch einen Versuch machen würde, Gewalt anzuwenden.

Palmer befahl dem Neger, ihm in's Haus zu folgen, wo er ihm das gewünschte Gewehr übergeben wollte. Der Doctor Van Stetten war außer sich vor Freude über die Gefangenschaft des Orangs.

»Wir bekommen ihn lebend!« jubelte er. »Darius, sage den Jägern, daß ich ihnen nicht zehn, sondern zwanzig Goldpagoden gebe, wenn ich das kostbare Thier lebend bekomme. Sage auch dem Elephantentödter, daß ich ihm Opium geben werde, so viel er will. — Wie glücklich wäre ich, wenn ich den ersten ausgewachsenen Orang nach Europa senden könnte!«

»Nehmen Sie sich in Acht, Doctor,« warnte Richard; »Sie selbst hielten es diesen Morgen für unmöglich, ihn durch irgend ein bekanntes Mittel zu fangen.«

»Aber er ist ja gefangen; wir werden ihn durch Entziehung der Nahrung und des Schlafes schon bändigen. Ich werde mich sogleich mit dem Elephantentödter verständigen, und binnen drei Tagen soll der Waldmensch lammfromm sein. Die wildesten Thiere sind durch Fasten und Schlaflosigkeit zu zähmen.«

»Wie,« sagte der kleine Eduard mit Thränen in den Augen, »Sie wollen den armen Waldmenschen, der den Tiger erschlagen hat, verhungern lassen?«

Man antwortete ihm nicht.

»Darius,« fragte Elisabeth, »weiß man gewiß, daß der Orang aus der Höhle nicht heraus kann?«

»Es ist keine Gefahr, Herrin; wir haben Steine, so groß wie eine Hütte, in die Schlucht gewälzt; er kann nicht heraus, und dann halten Jäger dort Wache. Ich stieg auf den Felsen, um in die Grube hinunterzuschauen. Er sieht recht spaßig aus; er fletschte die Zähne und wollte mich zerreißen, aber ich lachte ihn aus.«

Darauf zeigte Darius seine weißen Zähne und klatschte mit kindischer Freude in die Hände.

»Aber könnte er nicht über die Felsen klettern? Diese Affen sollen so stark und gewandt sein.«

»Auch keine Gefahr, Herrin,« antwortete Darius; »Sie sollten nur sehen, zwanzig Fuß Tiefe. Um da herauszukommen, müßte er ein Seil haben, das oben an einen Baum gebunden wäre. Aber wer soll ihm das Seil hinunterwerfen? Darius gewiß nicht.«

„Ein Seil!" sagte Eduard für sich; „mit einem Seile wäre er zu retten?"

„Nun, Richard," sagte Elisabeth zu ihrem Manne, „da nichts zu fürchten ist, so können wir weiter. Du weißt ja, daß wir noch andere Sorgen haben."

„Es ist wahr, liebe Elisabeth; überdies fängt die Flut an und die „Gertrud" scheint bereits den Anker zu lichten."

Man nahm Abschied von dem Doctor, der zur Lavaquelle eilte, und die Familie Palmer, von Darius begleitet, begab sich nach Hause.

Hier ließ man sich's angelegen sein, Alles, was dem Commodore auf seiner Seereise nützlich oder angemessen sein konnte, einzupacken und auf das segelfertige Schiff zu schicken. So erhielt die „Gertrud" so viel Geflügel, frisches Fleisch und Obst, daß die Mannschaft für drei Monate versorgt gewesen wäre. Elisabeth meinte nicht genug zu thun; alle Dienstleute waren auf dem Wege zwischen der Colonie und dem Hafen, um ihre vielen Befehle zu vollziehen. Unterdessen schrieb Richard neue Notizen, die er seinem Schwiegervater bei der Einschiffung übergeben wollte.

Die arme Elisabeth, die schon so schwach und leidend war, fühlte sich in Folge dieser Anstrengungen ganz erschöpft; sie mußte sich auf eine Hängematte legen, die ihr als Ruhebett zu dienen pflegte. Aber wie angegriffen auch ihr Körper war, ihr Geist blieb in voller Thätigkeit. Ja in ihrer fieberhaften Aufregung sagte sie zu Mistreß Surrey, welche sie mit ihrer gewohnten liebevollen Sorgfalt pflegte:

„Jetzt wird die Reihe bald an Dich kommen, Schweſter, ich verſpreche es Dir. Mein Vater hat mir verziehen, warum ſollte er Dir nicht verzeihen wie dem armen Richard und allen andern Perſonen, von denen er beleidigt zu ſein glaubt?"

"Aber er wollte mich, die Witwe ſeines beſten Freundes, gar nicht ſehen," entgegnete Miſtreß Surrey; "er hat ſich weder nach mir noch nach meinem Kinde erkundigt."

"Entſchuldige ihn, liebe Schweſter; gleich nach ſeiner Ankunft mußte ſein lange unterdrückter Zorn losbrechen; es haben ſich nun wichtige Dinge in ſo raſcher Folge ereignet. Nur noch einige Monate Geduld! Alles Unglück der letzten Jahre iſt als Sühne unſerer Verirrungen über uns verhängt worden; die Sühne iſt jetzt beendet und wir werden bald glückliche Tage haben. Mein Vater ſcheint die gegen ihn erhobene lächerliche Beſchuldigung gar nicht zu beachten; in kurzer Friſt werden wir ihn hier wieder ſehen; dann werden wir uns ganz mit ihm ausſöhnen, und wir verlaſſen zuſammen dieſes verwünſchte Land, wo wir ſo viel gelitten haben."

"Mögen deine Wünſche in Erfüllung gehen, liebe Eliſabeth!" antwortete Miſtreß Surrey ſeufzend, denn ſie war den ſchwärmeriſchen Hoffnungen der Creolin minder zugänglich; "ich fürchte, daß der Groll des Commodore..."

"Sprich nicht ſo, Schweſter," fiel Eliſabeth ein; "mein Vater wird Dir ſein Vertrauen, ſeine Zuneigung wieder ſchenken, zweifle nicht daran. Du haſt unſer Unglück getheilt. Du ſollſt auch unſer Glück theilen, und Anna ebenfalls. Der Commodore," fügte ſie vertraulich hinzu, "hat große Projecte mit Eduard; er will für ſeine Erziehung ſorgen und ihm bald eine ehrenvolle Stellung verſchaffen.

„Hast Du wohl bemerkt, daß Eduard Niemand so lieb hat und fürchtet, wie seine Cousine? Sie allein vermag diesen unbändigen Charakter zu zügeln und auf den rechten Weg zu führen. Wer würde uns später hindern, meinen größten Wunsch, eine Heirat zwischen unsern Kindern, zu verwirklichen?«

Dieser Plan war auch der Lieblingsgedanke ihrer Schwägerin, und Elisabeth wußte es wohl. Gleichwohl antwortete Mistreß Surrey, sich abwendend:

»Elisabeth, es ist noch nicht Zeit, daran zu denken. Unsere Kinder sind noch sehr jung, es können unerwartete Ereignisse eintreten! — Aber ich bitte Dich, liebe Schwester, ruhe Dich eine Weile aus! Deine Aufregung beunruhigt und betrübt mich.«

Sie hüllte Elisabeth in ihren Gazeschleier, setzte die Hängematte in eine mäßig schaukelnde Bewegung, und hielt, zur Ruhe mahnend, einen Finger auf den Mund. Elisabeth gehorchte wie ein Kind und schloß die Augen; aber nach einer kleinen Weile wurde sie wieder unruhig.

»Schwester,« sagte sie, »noch ein Wort. Es ist ein Sturm im Anzuge, mein Gott! wenn mein Vater in Gefahr wäre!«

»Beruhige Dich; man versichert, daß eben in Folge dieses Moussonwechsels die Ueberfahrt der »Gertrud« kürzer und leichter sein wird. Van Roer ist ein guter Seemann, er kennt das Fahrwasser der Insel ganz genau. Sei daher nicht ängstlich, und sprich nicht, ich werde Dir nicht mehr antworten.«

Elisabeth schloß wieder die Augen; aber sie konnte

oder wollte nicht schlafen, die schönen Traumbilder schwebten ihr beständig vor.

Während dies im obern Stockwerke vorging, befanden sich Anna und Eduard unter Aufsicht der Negerin Maria in einem Zimmer des Erdgeschosses. Die Negerin arbeitete an einem citroneugelben Kleide, welches nebst einem hochrothen Turban einen Festanzug bilden sollte, mit welchem sie auf dem nächsten Bimbang alle Neger der Nachbarschaft zu blenden gedachte.

Die arme Maria war leider keine geschickte Kleidermacherin, und ihre Arbeit hätte viel zu wünschen übrig gelassen, wenn ihr Anna nicht mit ihrer Nadel und ihrem guten Geschmack zu Hilfe gekommen wäre. Das Kleid war endlich so weit gebracht, daß es einem menschlichen Wesen allenfalls über Leib und Schultern gezogen werden konnte, und Miß Surrey setzte ihre zarten Finger in Bewegung, um das Kunstwerk zur größten Freude der Negerin zu vollenden.

Eduard trieb sich unaufhörlich im Zimmer herum. Er war ernster, minder ausgelassen als sonst, und schien mit der Anfertigung eines neuen Bogens eifrig beschäftigt. Er unterbrach indeß seine Arbeit ziemlich oft, um an's Fenster zu treten und den alten Ebenholzbaum, auf welchem er Morgens den Orang-Utang bemerkt hatte, mit großer Aufmerksamkeit zu betrachten.

Einmal, als er schweigend und nachdenklich das Fenster verließ und auf seine Cousine zukam, fragte diese ihn zerstreut und immerfort eifrig nähend:

„Eduard, hast Du deine Aufgabe in der Geographie gelernt?"

„Ja wohl."

„Dann kannst Du mir sie hersagen, während ich arbeite."

„Ich habe mein Buch nicht hier."

„Das thut nichts, ich weiß Alles ohne Buch."

„Und ich... ich habe seit diesem Morgen Alles wieder vergessen."

Anna sah ihn bekümmert an und seufzte. Nach einer kurzen Pause knüpfte Eduard das Gespräch wieder an und fragte:

„Hast Du wohl gehört, Anna, daß man den armen Waldmenschen verhungern lassen will? Das Verhungern muß sehr weh thun!"

„Du hast Recht; dieser Orang hat Dir und Maria das Leben gerettet, und ich bedaure ihn aufrichtig."

„Du bedauerst ihn?" fragte der Knabe, das Wort hastig aufgreifend; „es wäre Dir also nicht unlieb, wenn er aus der Lavaquelle entkommen könnte?"

„Es würde mich recht freuen."

Anna folgte dabei blos einem Gefühl des Mitleids, und sie ahnte nicht, wie viele Thränen ihr dieses verhängnißvolle Wort kosten werde.

Eduard setzte sich auf einen Stuhl und blieb in einer Unthätigkeit, die bei seinem unruhigen Naturell eine Seltenheit war. Plötzlich stand er wieder auf und ging zur Thür.

„Wo willst Du hin?" fragte ihn seine Cousine.

„Du weißt wohl," erwiederte Eduard verlegen, „daß Du mir diesen Morgen erlaubt hattest... ich will Dir einen Blumenstrauß pflücken."

"Gut, geh nur. Du wirst hübsche Blumen im Garten finden."

"Im Garten! Unten am Wasserfall gibt's viel schönere."

"Von jenen will ich keine!" erwiederte die kleine Anna gebieterisch; "ich nehme sie nicht an."

"Dann gehe ich in den Garten."

"Massa Eduard, nicht fortgehen," sagte Maria, als er die Thür öffnete; "Papa will Sie mitnehmen, um den großen englischen Offizier abfahren zu sehen."

"Gut, ich werde hier sein."

Er verließ das Zimmer. Anna und die Negerin blieben bei ihrer Arbeit. Da der Knabe nicht wieder kam, stand Anna einen Augenblick auf und trat ans Fenster. Sie sah, wie Eduard im Garten die Blumenbeete plünderte. Ueber diesen Punkt beruhigt, nahm sie ihren Platz wieder ein und hörte einer endlosen Erzählung zu, welche Maria angefangen hatte, um ihr bei den Säumen und Steppstichen des citronengelben Kleides die Zeit zu vertreiben.

So verging eine gute halbe Stunde. Es wurde Abend, der Himmel verdüsterte sich und das seit den Frühstunden drohende Ungewitter schien losbrechen zu wollen. Anna unterbrach die Negerin mitten in ihrer Geschichte.

"Wo ist denn Eduard?" fragte sie und eilte wieder an's Fenster.

Sie rief ihren Cousin. Niemand antwortete; auf der Fensterbrüstung aber fand sie einen hübschen Blumenstrauß, den man draußen für sie dahingelegt hatte. Sie nahm die

Blumen, aber ihre Unruhe wurde dadurch nicht beschwichtigt, und sie sagte in einiger Aufregung:

„Wo mag er sein? Er ist so keck, so tollkühn!"

„Sie müssen sich nicht ängstigen, Miß Anna," erwiederte die Negerin; „machen Sie das Kleid der armen Maria nur geschwind fertig. Kleiner Massa Eduard ist gewiß mit seinem Papa fortgegangen."

„Es ist wahr," erwiederte Miß Surrey, die nun freier athmete, „er muß mit seinem Vater ausgegangen sein. Er hätte mir aber wohl Adieu sagen können!"

Sie warf schmollend den Mund auf; aber bald senkte sie ihr Näschen auf den Strauß und lächelte. Nach dieser kurzen Unterbrechung arbeitete sie eifrig weiter.

Richard war wirklich ausgegangen, aber allein. Er hatte sich verspätet und mußte sich beeilen, um vor der Abfahrt der „Gertrud" an den Hafen zu kommen, und überdies wollte er seinen Sohn nicht in den zu erwartenden Sturm bringen. Er hatte daher beschlossen, den Knaben zu Hause zu lassen und war allein fortgeeilt.

Als Palmer von Schweiß triefend das Fort Neu-Drontheim erreichte, war das Schiff bereits mitten im Fluß und vollkommen segelfertig. Der Commodore kam, begleitet von vier Soldaten, die sich mit ihm einschiffen sollten, zugleich mit dem Colonisten an's Ufer. Zwei Malayen folgten mit dem Gepäck des Gefangenen. Der Major Grudmann und Müller beschlossen den Zug. Der Sergent hörte aufmerksam auf die ausführlichen Weisungen, die ihm sein Commandant in Betreff des Gefangenen gab. Die Haltung des Letzteren schien ruhig und sicher.

Richard erreichte die Gruppe in dem Augenblicke, als

der englische Offizier eben in die Barke steigen wollte, die ihn an Bord bringen sollte. Er begrüßte Sir Georges ehrerbietig, überbrachte ihm leise das letzte Lebewohl Elisabeths und übergab ihm die in der Eile noch niedergeschriebenen Notizen. Als der Name seiner Tochter genannt wurde, konnte der Commodore eine gewisse Rührung nicht verbergen.

„Arme Elisabeth!" sagte er seufzend; „wo ist sie denn jetzt?"

Palmer sah sich um und zeigte auf sein Haus. Auf der äußeren Gallerie, welche die Vorderseite des Hauses einnahm, standen zwei Frauen, deren eine von Zeit zu Zeit ein weißes Tuch schwenkte. Der Commodore errieth, daß es seine Tochter sei.

„Gott segne sie! Gott segne sie!" wiederholte er mit bewegter Stimme. „Sie, Sir, werden in meiner Abwesenheit für die sorgfältigste Pflege sorgen; haben Sie auch ein wachsames Auge auf den Knaben, der meinem Herzen schon so theuer ist. Wenn Sie wollen, daß ich Ihnen einst Ihre Verirrungen, vielleicht Ihre Verbrechen verzeihe, so tragen Sie Sorge, daß ich Eduard und Elisabeth bei meiner Rückkehr wiederfinde!"

Palmer wollte antworten, aber ein Kanonenschuß von der „Gertrud" verkündete, daß die Stunde der Abfahrt gekommen. Die Soldaten forderten den Commodore auf, in das Boot zu steigen, und Richard hatte kaum die Zeit, ihm zuzuflüstern:

„Kommen Sie bald wieder, Sir Georges, und wenn ich nur Gerechtigkeit für mich verlange, so haben Sie keine Ursache, mir Ihre Verzeihung zu versagen."

Einige Minuten nachher befanden sich Grubmann und Palmer allein am Ufer mit einigen Neugierigen, während das Boot mit dem Gefangenen das Schiff erreichte. Sobald als die Reisenden am Bord waren, wurde der Anker gelichtet; man spannte einige Segel auf und das Schiff setzte sich in Bewegung.

Die „Gertrud" segelte, von einer unregelmäßigen Brise getrieben, mit einiger Mühe aus dem Hafen. Als sie sich der kleinen Insel näherte, welche die Einfahrt schützte, entstand plötzlich ein großes Getöse am Lande; der Staub wirbelte auf, die Bäume knarrten und beugten sich zur Erde; Fluß und Meer, welche zuvor matt und bleifarbig ausgesehen hatten, wurden augenblicklich mit schneeweißem Schaum bedeckt. Als der Windstoß auf das Schiff fiel, legte es sich auf die Seite, als ob es von den Wellen verschlungen werden müßte, aber es richtete sich sogleich wieder auf und segelte dem offenen Meere zu.

„Da ist der Wind!" sagte der Gouverneur; „die „Gertrud" wird hoffentlich eine schnelle, glückliche Fahrt haben."

„Glauben Sie nicht, Major," fragte Richard besorgt, „daß ein so beginnender Sturm schlimme Folgen für die Reisenden haben werde?"

„Der Wind weht vom Lande her, er ist also zum Auslaufen günstig. Wenn das Schiff einmal auf dem offenen Meere ist, so mag der Sturm nach Herzenslust toben, die „Gertrud" wird sich wenig darum kümmern."

Die „Gertrud" aber kämpfte mit großer Mühe gegen den Sturm, der mit jeder Minute heftiger wurde. Das Schiff hatte fast alle Segel eingerefft, und von Zeit zu Zeit legte es sich auf die Seite, so daß die untersten Raaen mit den Wellen in Berührung kamen; aber es richtete sich immer wieder kräftig auf und bahnte sich einen Weg durch die schäumende Brandung. So näherte es sich dem schmalen Fahrwasser, das in den Ocean führte. Aber ehe es dasselbe erreicht hatte, wurden die Wellen so hoch, die aufstrigenden Dämpfe so dicht, daß es den Blicken der Zuschauer völlig entzogen wurde.

Der Major begab sich schnell nach Hause, um dem zu erwartenden und durch den grollenden Donner bereits angekündigten Platzregen auszuweichen. Richard blieb allein am Ufer, ohne die heftigen Windstöße und die auf dem Strande sich brechenden Wellen zu beachten; aber er konnte das Schiff nicht mehr sehen. Ein neuer Vorfall nöthigte ihn indeß, seine Aufmerksamkeit auf einen andern Punkt zu richten.

Mitten in dem Toben der Elemente hörte er mehrere Schüsse und dann lautes Geschrei. Richard sah sich um, aber auch auf der Landseite konnte man, trotz der von Zeit zu Zeit zuckenden Blitze, nur einige Schritte weit sehen. Der Colonist, von einer bangen Ahnung getrieben, entschloß sich, in's Dorf zu eilen, um Erkundigungen einzuziehen. Er trat sogleich den Rückweg an; aber er war jeden Augenblick in Gefahr, vom Sturme umgeworfen zu werden, und kaum konnte er den Weg sehen, denn er war in Staubwolken gehüllt und trockenes Laub und Reisstroh wirbelte in der kaum noch zum Athmen tauglichen Luft. Endlich erreichte er eine etwas geschützte Stelle; dort fand er Darius, der wie wahnsinnig hin- und herlief, oder als ob er vom Sturm hin- und hergeworfen würde.

Darius bemerkte Palmer nicht, aber dieser rief ihn. Der Neger schien seinem Herrn ausweichen zu wollen, allein nach kurzem Besinnen kam er auf Richard zu und rief ihm laut, aber in dem Aufruhr der Natur kaum verständlich zu:

»Ach! Herr, welch' ein Unglück!... Sie werden sich todt grämen... Sie werden den Verstand verlieren...«

»Was ist denn geschehen, Darius?«

»Ich mag's nicht sagen... es ist zu schrecklich. Ach, der liebe kleine Massa Eduard!«

»Eduard!« wiederholte der Colonist gebieterisch. »Was weißt Du von Eduard? Sprich, ich will es!«

Der Neger hatte eine solche Angst, daß seine Zähne klapperten.

»Nein, nein,« heulte er; »Sie würden mich todtschlagen. — Gnade, Gnade, Herr! Der arme Darius hat keine Schuld.«

»Ich werde Dir nichts zu Leide thun; ich will nur wissen, was meinem Kinde, meinem Eduard, geschehen ist. Wirst Du reden, Schlingel!«

Er wollte den Neger beim Arm fassen; aber Darius sprang behende zurück.

»Nein, nein, ich kann's nicht sagen,« jammerte er; »Sie würden mich todtschlagen. — Gehen Sie zu der Lavaquelle, dann werden Sie die Wahrheit erfahren.«

Er lief davon und ließ Palmer in der peinlichsten Angst zurück. Der Colonist wollte ihn zurückrufen, ihm nacheilen, aber Darius war schon weit entfernt. Palmer lief also ganz bestürzt zur Lavaquelle, wo er die Erklärung der räthselhaften Worte des Negers haben sollte.

III.

Die Lavaquelle.

Wenden wir uns nun wieder zu Eduard, der in so seltsamer Weise verschwunden war, während seine Cousine und die Negerin Maria glaubten, er sei im Garten und pflücke Blumen.

Der Gedanke, daß man den gefangenen Orang-Utang quälen, verhungern lassen oder tödten werde, ließ dem kleinen Palmer keine Ruhe. Nach den Erzählungen der Neger und anderer Leute seiner Umgebung betrachtete Eduard den Orang nicht als ein Thier, sondern als eine Menschengattung, der die Sprache fehle, wenigstens als Mittelding zwischen Mensch und Thier. Er fühlte sich in seiner kindlichen Einfalt verpflichtet, seinem Retter einen Beweis seiner Dankbarkeit zu geben. Aber wie sollte er's anfangen? Darius hatte wohl gesagt, daß ein Seil zur Befreiung des Gefangenen genügen würde; aber wo sollte er ein Seil finden? und wie sollte er auf die Felsen kommen? Die erste Person, welche ihn auf dem Felde fände, würde sich für berechtigt halten, ihn nach Hause zu führen, wo er dann einen derben Verweis für seinen Ungehorsam bekommen hätte.

Während er sich diesen, allerdings etwas unklaren

Gedanken überließ, band er seinen Blumenstrauß, legte ihn vor das Fenster und lief auf den Hof. Er hatte noch keinen festen Entschluß gefaßt; er würde sich auf den leisesten Ruf, auf einen Wink wieder in's Haus begeben haben. Aber sein Vater schrieb im Salon, Mutter und Tante waren oben und Anna hörte der Negerin zu, die ihr eine afrikanische Geschichte erzählte; Niemand schien daher an ihn zu denken, und er blieb seinen abenteuerlichen Gedanken überlassen.

Er ging instinctmäßig auf ein Waarenmagazin zu. Die Thür war offen, der Knabe konnte ungehindert eintreten. Es lagen dort Stricke verschiedener Stärke zum Einschnüren der Ballen. Eduard nahm einen Strick und versteckte ihn in seinen Kleidern. Er wußte indeß noch nicht recht, wozu er ihn verwenden könne, und vielleicht dachte er, daß er eine Schaukel oder sonst ein Spielzeug daraus machen wolle.

Mit seinem Raube trieb er sich nun auf dem Hofe umher. Niemand war da; nur in einer auf Pfeilern erbauten Hütte, zu welcher man auf einer hölzernen Leiter hinaufstieg, schien ein menschliches Wesen zurückgeblieben zu sein. Aus dieser Hütte kam ein eintöniger, aber nicht unangenehmer Gesang; es war Elephantentödters Tochter, die einen „Pantun" trällerte.

Bald kam Leichtfuß selbst die Leiter herunter. Obgleich die Gadise ihren festlichen Putz nicht mehr trug, war sie schön und stattlich, etwas trotzig und wild, wie die meisten Malayinnen. In ihren Sarong gehüllt, trug sie auf der Schulter ein irdenes Gefäß und hielt dasselbe in malerischer Stellung mit ihrem unbekleideten Arm; in der andern Hand hielt sie einen in ein großes Palmblatt gewickelten Gegenstand.

Sie sang immer fort, ihren Siri kauend, und entfernte sich, ohne Eduard zu beachten; aber der Knabe kam freundlich auf sie zu, und sagte zu ihr in dem Kauderwälsch der Colonie:

»Wo willst Du hin?«

»Zur Lavaquelle,« erwiederte die Gadise, ohne ihn anzusehen.

»Warum gehst Du zur Quelle?«

»Um meinem Vater zu essen zu bringen und von dem verwundeten Hahn zu erzählen.«

»Geht's dem Hahn besser?«

»Ja.«

Sie wollte fortgehen, aber Eduard hielt sie am Sarong.

»Höre doch, Leichtfuß. Ich bin Dir gut, nimm mich mit zu der Lavaquelle.«

»Was willst Du dort?«

»Ich möchte den armen Orang sehen, der dort gefangen ist.«

Die Gadise fühlte sich sehr geschmeichelt durch diese Bitte, denn ungeachtet ihres Rassenstolzes hatte sie oft mit Neid gesehen, wie vertraulich der Knabe mit den andern Dienstleuten umging. Gleichwohl antwortete sie schnippisch:

»Man hat Dir verboten, mit mir auszugehen. Die Herrschaft würde mich auszanken und mein Vater mich schlagen. Geh' in's Haus.«

Eduard fühlte sich beleidigt durch diese schonungslose Weigerung; aber der Widerspruch bestärkte ihn in dem

Vorsatze, zur Quelle zu gehen, und er antwortete schmeichelnd:

»Weißt Du nicht, warum man Dir verboten hat, mit mir auszugehen? Weil man sagt, daß die Malayen Menschenfleisch essen. Tante Surrey hat mir die Geschichte einer Werwölfin erzählt, welche Kinder fraß und spitze Zähne hatte wie Du. Aber ich fürchte mich nicht, Du wirst mich nicht fressen, ich bin ein Mann, und die Werwölfin war häßlich, Du aber bist hübsch.«

Diese naive, aber allem Anscheine nach geschickt berechnete Antwort besiegte den Widerstand des Mädchens. Ob sie blos die Menschenfressergeschichten thatsächlich widerlegen wollte, oder ob das Lob einen unwiderstehlichen Eindruck auf sie machte? Vielleicht wirkten beide Beweggründe auf ihren Entschluß, und sie antwortete:

»So komm'.«

Sie ging rasch fort, obgleich sie barfuß war, und Eduard vermochte ihr kaum zu folgen.

Der Knabe fürchtete Anfangs von Jemanden im Hause bemerkt zu werden, und so lange er in der Allee war, sah er sich oft um; aber bald verließen Beide den gebahnten Weg, um die Lavaquelle auf dem kürzesten Wege zu erreichen. Er hatte nun nicht mehr zu fürchten, gesehen und nach Hause gebracht zu werden, und bekam seine natürliche Unbefangenheit und Dreistigkeit wieder.

Die Gadise, welche rasch zwischen den Pfeffer- und Reisfeldern hindurchschritt, schien an ihren Begleiter nicht mehr zu denken und trällerte ihr Lied.

»Was trägst Du da, Leichtfuß?« fragte Eduard zerstreut.

„Es ist kein Menschenfleisch, Kind; es ist ein Stück Ziegenfleisch und Reis mit gerösteter Brotfrucht."

Eduard, durch diese unfreundliche Antwort eingeschüchtert, mochte kein Gespräch wieder anknüpfen, und die Gabife fuhr, von Zeit zu Zeit ein Stückchen Betel aus ihrer Büchse nehmend, in ihrem Gesange fort.

In einer Viertelstunde kam man zur Lavaquelle. Elephantentödter, Darius und die andern Jäger bewachten die Felsen, aus denen der Bach entsprang; sie wußten, daß der Orang an den Wänden des tiefen Kessels nicht hinaufklettern konnte, und beschränkten sich auf die Bewachung der Felsenspalte, durch welche er sich geflüchtet hatte, um nöthigenfalls den Waldmenschen zurückzutreiben, falls er die sein Gefängniß verschließenden Steine fortwälzen wollte. Sie schienen indeß nicht auf die Möglichkeit eines solchen Unternehmens zu glauben, denn sie lagen sorglos im Grase und vertrieben sich die Zeit mit Würfeln und anderen in der Colonie üblichen Glücksspielen.

Die Anwesenheit Eduards setzte sie in Verwunderung und Schrecken. Es war wohl keine Gefahr zu fürchten, aber sie sahen doch nicht ohne Besorgniß den Sohn des reichsten Pflanzers in dieser Wildniß, wo Unglücksfälle keineswegs zu den Seltenheiten gehörten. Darius wollte ihn sogleich nach Hause bringen, aber Eduard setzte sich zur Wehr, kratzte und biß, so daß der arme Neger, der keine Gewalt brauchen mochte, ihn endlich losließ und sich vornahm, ein wachsames Auge auf ihn zu haben, um neue Unbesonnenheiten zu verhüten.

Elephantentödter schien sehr aufgebracht gegen seine

Tochter zu sein, daß sie den Knaben mitgenommen, und er las ihr in malayischer Sprache tüchtig den Text.

Die Strafpredigt schien auf die Gadise nur sehr wenig Eindruck zu machen.

»Er wollte mitgehen,« sagte sie gleichgiltig und legte die Lebensmittel auf die Erde.

Eduard nahm nun das Wort, er konnte nicht länger schweigen.

»Ja, ich wollte mitgehen!« fügte er trotzig hinzu, »und wer hätte mir's wehren wollen? Ich bin Herr und fürchte mich nicht.«

Diese Entschlossenheit in einem so kleinen Knaben gefiel dem Elephantentödter.

»Warum wolltest Du denn mitgehen?« fragte er den jungen Stammhalter.

»Um den Waldmenschen zu sehen.«

Der Malaye zeigte auf die Basaltfelsen, auf deren Gipfel einige Bäume und Gesträuche standen; von da konnte man in den Kessel hinabschauen, wo der Orang gefangen war.

Auf den Felsen zu klettern, mußte für Eduard, der an alle Leibesübungen gewohnt war, eine Kleinigkeit sein; aber bevor er die Ersteigung unternahm, setzte er sich neben dem Elephantentödter auf einen Stein und sagte einschmeichelnd:

»Hast Du dem Waldmenschen seit diesem Morgen nichts zu essen gegeben?«

»Nein.«

»Wirst Du ihm diesen Abend nicht etwas zuwerfen?«

»Nein.«

„Und morgen?"

„Auch nicht. Der Orang ist bösartig, weil er stark ist; der Hunger wird ihn zähmen. Wenn er drei Tage gefastet hat, wird er sich fangen und binden lassen. Dann bekommt ihn Van Stetten, der mir zwanzig Goldpagoden dafür geben wird. Und ich theile mit Niemand!" setzte er, wie mit sich selbst redend hinzu, und griff an seinen Kriß.

„Aber was würdest Du thun," fragte der Knabe, „wenn er durch Hunger nicht gezähmt würde?"

„Dann würde ich auf den Felsen steigen und ihn mit vergifteten Pfeilen todtschießen. Die Pfeile tödten viel besser, als die von den „Seranis" erfundenen Gewehre; aber wir dürfen nicht damit schießen."

Eduard hätte fast geweint, als er vernahm, daß sein Schützling unrettbar verloren sei; aber er bezwang sich noch und erwiederte:

„Elephantentödter, Du wirst doch nicht so unbarmherzig sein, den armen Waldmenschen zu quälen! Bedenke doch, er hat dem Tiger, der mich zerreißen wollte, den Kopf zerschmettert."

„Ja wohl, aber er hat den Opiumraucher, einen Malayen vom Stamme der Batta, erschlagen, und mir hat er die von meinem Vater geerbte Flinte zerbrochen. Ich werde mich rächen."

Eduard hielt nun seine Thränen nicht mehr zurück.

„Elephantentödter," sagte er, die Hände faltend, „ich bitte Dich, laß den Waldmenschen los. Wenn ich groß bin, gebe ich Dir viele Goldpagoden und schöne Gewehre und Kampfhähne, so viel Du wünschest. Aber ich wäre untröst-

lich, wenn Du den armen Orang, der mir das Leben ge=
rettet, quälteſt oder todtſchöſſeſt!"

Eduard war auf einem falſchen Wege; die Thränen
und Bitten machten auf den blutdürſtigen Jäger keinen
Eindruck. Elephantentödter zuckte die Achſeln.

„Du biſt ein Kind," ſagte er höhniſch, „und ein Batta=
krieger hätte Dich nicht ſo lange anhören ſollen."

Er wandte ſich ab und fing an die von ſeiner Tochter
gebrachten Lebensmittel zu verzehren. Als er ſeinen Hunger
geſtillt hatte, ſpielte er mit den übrigen Jägern, die in=
zwiſchen immerfort gewürfelt hatten, um die Ueberreſte
ſeiner Mahlzeit.

Eduard konnte nun thun, was er wollte. Darius, der
ihn beauffichtigen ſollte, plauderte und ſchäckerte mit der
koketten Gadiſe. Nicht als ob die Malayin ihren Vorur=
theilen gegen die Schwarzen entſagt hätte; aber ſie hatte
eben jetzt nur einen Neger zur Hand, und überdies ging
die Sage, Darius habe Gnade gefunden vor der ſchwarzen
Huldin Maria, und er werde ſie heimführen. Dies erregte
den Neid der gelben Schönen, und es machte ihr ganz be=
ſonderes Vergnügen, dem Bräutigam einer Andern den
Kopf zu verdrehen. Darius erwehrte ſich nicht ohne ein
gewiſſes Behagen der teufliſchen Verführungskünſte der
Malayin, und er hatte nicht Zeit, an den tollkühnen Knaben
ſeines Herrn zu denken.

So kam es denn, daß ſich Niemand rührte, als Eduard
nach kurzem Beſinnen die Felſen beſtieg und bald den
Gipfel derſelben erreichte. Dort befand er ſich am Rande
des Keſſels und er ſchaute ohne Zagen in die Tiefe hinab.

Ungeachtet der beginnenden Dämmerung konnte man

am Boden des Felsenkessels ein kleines Bassin unterscheiden, dessen klares Wasser durch die enge Spalte abfloß. Auf einer schmalen Plattform, welche das Wasserbecken umgab, stand der Orang=Utang. Die senkrechten glatten Wände vereitelten jeden Versuch, aus diesem Schacht zu entkommen.

Der Waldmensch hatte sich gleichwohl alle Mühe gegeben, sich frei zu machen, wie seine von den Basaltfelsen abgewetzten Nägel und blutenden Hände bezeugten. Jetzt lehnte er sich an das Gestein, seine langen Arme hingen kraftlos, und er starrte traurig und düster vor sich hin. Aber er schaute auf, als er ein leises Geräusch über sich hörte. Vielleicht erkannte er den Knaben, denn sein Auge nahm plötzlich einen so wehmüthig sanften, bittenden Ausdruck an, daß es unmöglich war, nicht dadurch gerührt zu werden.

Bis jetzt hatte Eduard noch keinen festen Entschluß gefaßt; er war wohl mehr aus Trotz und Neugierde, als in der Absicht, seinem »Freunde« in der Noth zu helfen, gekommen. Aber als er den Orang so matt und traurig sah, hegte er den sehnlichen Wunsch, ihn sofort und mit Anwendung aller ihm zu Gebote stehenden Mittel zu befreien.

»Mein Gott! er hat gewiß Hunger!« dachte der Knabe.

Er nahm eine für sich selbst aufgesparte Feige aus der Tasche und warf sie dem Waldmenschen zu; allein dieser schien in seiner trostlosen Lage keinen Hunger zu haben. Die Feige fiel neben ihm nieder, ohne daß er sie mit seiner gewohnten Behendigkeit auffing, und er sah den

Knaben immerfort traurig und bittend an, als ob er eine wirksame Hilfe von ihm erwartete.

Eduard dachte nun an den Strick, den er bei sich hatte; aber ehe er Gebrauch davon machte, wollte er sehen, was die unten lauernden Jäger machten. Elephantentödter würfelte eifrig mit seinen Genossen; Darius und Leichtfuß waren in lebhaftem Gespräch. Niemand beobachtete den jungen Palmer, Niemand schien an ihn zu denken.

Ueber diesen Punkt beruhigt, begann er das Seil zu entrollen. Dieses war wohl ziemlich stark, aber es schien doch zu schwach, um ein so schweres, unbändiges Thier zu tragen. Und wenn es auch nicht riß, wie würde der erschöpfte, ausgehungerte Waldmensch die Kraft haben, sich bis an den obern Rand des Felsenkessels hinaufzuschwingen? Das mindeste Geräusch, der kleinste mißlungene Versuch mußte die Jäger aufmerksam machen und das Unternehmen vereiteln.

Ungeachtet dieser vielleicht unüberwindlichen Schwierigkeiten wollte Eduard den Versuch wagen; er knüpfte das eine Ende des Strickes um einen Palmbaum, der aus einer Spalte des Basaltfelsens hervorgewachsen war, und warf das andere Ende in den Kessel hinab. Er erwartete keinen Erfolg von einer so einfachen und vielleicht ungenügenden Vorkehrung; indeß neigte er sich vorwärts, um zu sehen, was vorgehen würde.

Zu seinem Erstaunen gewahrte er, daß sein Rettungsversuch den vollständigsten Erfolg hatte, und die Schnelligkeit, mit welcher der Drang von dem Rettungsmittel Gebrauch machte, erfüllte den Knaben mit Schrecken. Der Waldmensch hatte mit gespannter Aufmerksamkeit, aber regungslos alle Bewegungen Eduards beobachtet. Als er den Strick herabfallen sah, richtete er sich schnell auf, sprang mit staunenswerther Behendigkeit über das Wasserbecken, ergriff den Strick und kletterte an demselben hinauf. In einem Augenblicke war er bei seinem Befreier, und seine Keule schwingend, stieß er, wie um seinen Triumph auszudrücken, ein lautes, heiseres Geschrei aus.

Eduard vergaß die zwischen ihm und dem Orang gegenseitig erwiesenen guten Dienste und wurde von kindischem, unsinnigem Entsetzen erfüllt, als dieses seltsame, abschreckend häßliche, gewaltig große Geschöpf plötzlich vor ihm aus der Tiefe emporstieg wie ein aus der Hölle kommender Dämon. Er wollte fliehen, aber seine Füße versagten ihm den Dienst und er fiel schreiend zwischen den Gesträuchen nieder.

Die Jäger, welche rasch aufsprangen, konnten einen Theil der Wahrheit leicht errathen. Glücksspiele und Plaudereien wurden abgebrochen, jeder griff zum Gewehr oder Bogen und begann den Felsen zu erklimmen; aber wie flink sie auch waren, sie mußten zu spät kommen.

Der Waldmensch war zu Eduard geeilt, hatte ihn vorsichtig aufgehoben und betrachtete ihn von allen Seiten, als die Jäger erschienen. Von so vielen Feinden bedroht, faßte er schnell einen Entschluß. Er warf seine Keule weg, drückte den Knaben an seine behaarte Brust, ergriff mit der andern Hand den nächsten Baumstamm und kletterte trotz der Last mit wunderbarer Geschwindigkeit bis zum Gipfel hinauf.

Die Jäger sahen mit Schrecken, wie das einzige Kind des reichen Colonisten so in die Lüfte getragen wurde, und in der wohlbegründeten Besorgniß, der Knabe könne von der schwindelnden Höhe herabgestürzt werden, machten sie von ihren Waffen keinen Gebrauch. Eduard war anfangs ganz betäubt durch die unglaubliche Schnelligkeit der Bewegung, aber bald bekam er seine Besinnung wieder und rief in allen ihm bekannten Sprachen um Hilfe. Elephantentödter und die Anderen hatten nun in der Erwartung, der Schrecken werde den Orang bewegen, seine Beute loszulassen, in die Luft geschossen, ohne zu zielen, und ein lautes Geschrei erhoben, welches man in weiter Ferne gehört hatte.

Diese Demonstration hatte nicht den erwarteten Erfolg. Der Orang wollte seine Eroberung nicht so wohlfeilen Kaufs aufgeben; er drückte den jammernden Knaben wieder fest an sich, sprang behende auf den nächsten Baum, von da auf einen andern, und bald war nicht zu bezweifeln, daß er den Wald erreichen und vor jeder Verfolgung sicher sein werde.

Das Gemüth dieser rohen Jäger war sicherlich nicht leicht zu rühren, aber sie schienen den unglücklichen Knaben zu bedauern und boten Alles auf, dem Entführer den Rückzug abzuschneiden. Sie waren vom Felsen gestiegen und liefen, immerfort schreiend, von Zeit zu Zeit schießend, dem Walde zu. Unglücklicherweise war die ganze Strecke bis zum Urwalde mit einzelnen Bäumen bedeckt, und der Orang, von einem Baume zum andern springend, konnte sich ihren Verfolgungen entziehen.

Ein neuer Umstand vermehrte noch die Schwierigkeiten der Verfolgung. Der dem Ungewitter vorausgehende heftige Wind trieb, wie schon erwähnt, Staubwolken und dürres Laub auf; die Bäume schlugen furchtbar knarrend an einander. Die geblendeten, betäubten Jäger konnten in diesem Aufruhr der Natur die Bewegungen des Waldmenschen nicht mehr genau beobachten, das Jammern des Knaben nicht mehr hören. Ueberdies wurde Eduards Stimme immer schwächer; der Athem schien ihm auszugehen während der gewaltigen Sprünge, die der Orang mit unglaublicher Leichtigkeit und Behendigkeit ausführte.

Das letzte Mal, als man sie Beide bemerkte, waren sie auf dem alten Bombax, unter welchem unlängst der Vorfall mit dem Tiger stattgefunden hatte. Es war eben eine kurze Windstille eingetreten, und man konnte von Weitem die hohe Gestalt des Waldmenschen und die weißen Kleider des Knaben unterscheiden. Sonderbar, der Orang schien die Angst und Erschöpfung des kleinen Palmer zu erkennen; er suchte ihn mit aller Vorsicht gegen allzuheftige Stöße und Erschütterungen zu schützen, und beseitigte geschickt die kleinen Zweige, die ihn hätten verletzen können.

Einmal, als er sah, daß er einen großen Vorsprung vor seinen Verfolgern hatte, blieb er eine Weile ganz ruhig und schaukelte ihn, wie die Kinderwärterinnen, in seinen langen Armen. Ungeachtet dieser Vorsichtsmaßregeln schien Eduard nur noch eine kraft- und regungslose Masse zu sein; sein zarter Körper wurde hin- und hergeworfen, als ob er durch eine heftige Erschütterung zerschmettert worden wäre, als ob ihn das Leben schon verlassen hätte.

Aber bald wurde die Luft durch frisch aufwirbelnde Staubwolken verdunkelt; als wieder Windstille eintrat und der Gipfel des Bombax wieder sichtbar wurde, war der Waldmensch mit dem Knaben verschwunden.

Die Jäger standen entmuthigt still; nur Elephantentödter wollte nicht nachlassen.

„Der Orang hat mich beleidigt," sagte er; „ein
Battakrieger muß sich rächen."

Es war sehr unbesonnen, sich bei Einbruch der Nacht
in diesen unermeßlichen Urwald zu wagen, wo man von
Gefahren jeder Art bedroht war. Einige Jäger folgten indeß dem Elephantentödter bis in jenen Theil des Waldes,
wo die Colonisten Bäume gefällt hatten; aber am Saume
des eigentlichen Urwaldes zerstreuten sie sich unter dem
Vorwande, auf verschiedenen Seiten suchen zu wollen. Im
Grunde aber hegten sie die Ueberzeugung, daß es nicht
möglich sei, dem Orang seine Beute zu entreißen, und suchten eilends ein Obdach zu erreichen, um nicht von dem her-
anziehenden Gewitter überrascht zu werden.

IV.

Verzweiflung.

Wir wissen jetzt, was Darius gemeint hatte, als er
seinem Herrn ein furchtbares Unglück gemeldet.

Als Palmer athemlos die Lavaquelle erreichte, fand
er nur noch die Malayin, welche ganz gelassen die Ueberreste von der Mahlzeit ihres Vaters einwickelte und zu sich
sagte:

„Auch Darius hat mich verlassen. Es liegt mir nicht
viel an dem Schwarzen mit den „Hundszähnen"; aber ich
bin doch so viel werth wie die häßliche Maria!"

Sie wollte sich entfernen; aber Richard stürzte auf sie zu und fragte sie mit bebender Stimme:

»Wo ist der Waldmensch?... Wo sind sie Alle? was ist geschehen?«

Die Gadise sah ihn zerstreut an, nahm ein Stückchen Betel aus ihrer Büchse und antwortete endlich sehr gleichgiltig:

»Alle fort, dem Orang nach... sogar Darius! Aber er soll nur noch einmal mit mir schäckern wollen, ich werde ihm den Laufpaß geben, dem lumpigen Neger!«

»Ich frage Dich,« wiederholte der Colonist ungeduldig und von Angst gefoltert, »was für ein Unglück so eben hier geschehen ist.«

»Der Waldmensch ist entwischt... und er hat das Kind mitgenommen.«

»Was für ein Kind?«

»Eduard, den Sohn unsers Herrn. — Eduard hat dem Orang einen Strick zugeworfen, und der Orang hat Eduard fortgetragen.«

Der Malayin, die unter rohen Menschen aufgewachsen und nicht Mutter war, ist diese Gefühllosigkeit wohl zu verzeihen; wer hätte ihr auch begreiflich machen können, daß eine solche ohne Schonung erzählte Nachricht dem unglücklichen Vater einen Todesschrecken machen werde?

Palmer glaubte einen Dolchstich im Herzen zu fühlen, als er diese entsetzliche Gewißheit bekam; aber er bekämpfte seinen Schmerz und fragte mit kaum verständlicher Stimme, welche Richtung der Orang genommen. Leichtfuß zeigte auf den großen Bombax, und Richard eilte dem Walde zu.

„Mein Eduard!" rief er. „Mein geliebtes Kind!... Was wird Elisabeth sagen?"

Die Gadise sah ihm eine kleine Weile nach; dann setzte sie das Gefäß wieder auf die Schulter und begab sich nach Hause. Von dem Schmerz, den sie ihrem Herrn verursachte, schien sie keine Ahnung zu haben.

In wenigen Augenblicken erreichte Palmer den Bombax; aber vergebens suchte er den Räuber seines Kindes oder die Jäger, die denselben verfolgten. Die Nacht brach schnell an, und die von Zeit zu Zeit aufleuchtenden, noch fernen Blitze konnten die Dunkelheit nicht besiegen. Der Colonist versuchte zu rufen, allein der heulende Sturm war lauter als seine Stimme. Zuweilen glaubte er mitten in diesem Getöse klagende menschliche Stimmen zu unterscheiden; aber er erkannte bald, daß er durch das Heulen des Windes getäuscht worden war.

Richard ließ sich jedoch nicht abschrecken. Er war unbewaffnet und hatte im raschen Lauf seinen Hut verloren; seine Kleider waren zerrissen, Hände und Gesicht blutig geritzt an den Dornensträuchen, aber er ging auf's Gerathewohl weiter und rief keuchend seinen Sohn. Während er so in der Dunkelheit umherirrte, zeigte sich plötzlich eine dunkle Gestalt an seiner Seite. Er erkannte den Elephantentödter.

Er fragte ihn hastig, ob er etwas von dem Knaben wisse.

„Ich habe nichts gesehen," erwiederte Elephantentödter zornig.

„Nun, dann wollen wir suchen," sagte Palmer entschlossen. „Elephantentödter. Du bist ein erfahrener, muthiger Jäger, Du kennst das Leben im Walde, wir müssen meinen Eduard, mein geliebtes Kind aufsuchen."

"Morgen."

"Warum denn morgen? warum nicht jetzt? Morgen hat der Unhold mein Kind vielleicht erdrückt, oder der Knabe ist an Erschöpfung und Schrecken gestorben."

"Der Orang wird Eduard nicht todt machen," sagte der Malaye kalt; "die stummen Menschen haben die Kinder lieb und pflegen sie. Herr, gehen Sie jetzt nicht in den Wald."

"Glaubst Du denn," entgegnete Richard auffahrend, "daß ich mich vor Tigern und anderen wilden Thieren fürchte? Ich will den Knaben seiner Mutter wiedergeben, oder ich überlebe es nicht."

"Elephantentödter fürchtet sich auch nicht, aber man sieht und hört nichts in der Nacht und während des Ungewitters."

"Es fängt an zu blitzen und bald wird der Wald taghell erleuchtet sein; wir könnten vielleicht meinen Sohn auffinden."

"Herr," entgegnete der Malaye ungeduldig, "lassen Sie den Orang in Ruhe; er ist wahrscheinlich in der Nähe versteckt; wenn Sie ihn beunruhigen, so wird er mit Eduard weit flüchten, und wir können sie nicht wieder finden."

Diese Gründe waren überzeugend, aber die Vaterliebe und die blinde Verzweiflung des Colonisten hinderten ihn sie zu begreifen.

"Ich gebe mein Kind so nicht auf," sagte er, "und

ich verlasse diesen Wald nicht, bis ich es wieder gefunden, und müßte ich die ganze Nacht suchen."

Er wollte weiter gehen in den unbekannten Theil des Waldes, aus welchem ein furchtbares Getöse kam, als ob alle Ungethüme des Weltalls zusammengekommen wären, um gemeinschaftlich zu heulen. Der Malaye, durch seinen ernsten Widerstand beleidigt, machte keinen weiteren Versuch ihn zurückzuhalten, und war im Begriff nach Hause zu gehen, als man in einiger Entfernung rufen hörte. Zugleich leuchteten Fackeln unter den Bäumen, und mehrere Personen eilten herbei. Als sich Richard umsah, stürzte Elisabeth, bleich und wankend, auf ihn zu und fiel ihm um den Hals.

"Richard, lieber Richard," sagte sie mit bebender Stimme, "wo ist unser Kind?"

Mit Elisabeth waren Mistreß Surrey und die kleine Anna gekommen, alle Drei in ihrer gewöhnlichen Hauskleidung und ohne Kopfbedeckung. Die Malayin hatte nämlich nichts Eiligeres zu thun gehabt, als ihrer Herrin den Raub Eduards ebenso schonungslos zu erzählen, wie zuvor ihrem Herrn. Die arme Mutter war ohnmächtig geworden; aber bald hatte sie ihr Bewußtsein wieder bekommen und war in ihrer fieberhaften Aufregung fortgeeilt, dem Walde zu. Anna und die sonst so gelassene Mistreß Surrey, deren Angst und Bestürzung kaum geringer war, hatten sich ihr angeschlossen, und alle Dienstleute, selbst die gefühllosen Chinesen, hatten die unglückliche Familie begleitet. Der Zug hatte unterwegs durch Leute aus dem Dorfe einen Zuwachs bekommen, und die ganze Schaar kam in dem Augenblicke, als Richard, fast wahnsinnig von Schmerz, sich in den undurchdringlichen Urwald einen Weg zu bahnen versuchte.

Die Frage der trostlosen Mutter schien Richard noch mehr anzueifern.

„Ich werde Dir ihn wiedergeben, Elisabeth," antwortete er in der höchsten Aufregung; „ich werde Dir ihn wiedergeben, ich verspreche es Dir. Laß mich, geh' nach Hause. Es liegt mir ob, mein Kind wiederzufinden, das mir Gott gegeben hat, um mein Trost und meine Freude zu sein!"

„Ist's denn nicht mein Kind wie das deinige?" entgegnete die Mutter ungestüm. „Richard, ich verlasse Dich nicht."

„Ich auch nicht," sagte die kleine Anna schluchzend. „O, erlaube mir, mit Dir meinen Cousin zu suchen!"

In dem qualmenden Licht der von Negern getragenen Kienfackeln sah Palmer seine Frau und das zarte Kind an, die sich erboten, ihn auf seiner gefährlichen Wanderung zu begleiten. Sie war so ergriffen und erschöpft, daß sie sich kaum aufrecht zu halten vermochte: es war ein Wunder, daß sie bis dahingekommen war. Während er sie zur Rückkehr nach Hause zu bewegen suchte, wandte sich Mistreß Surrey, die trotz ihres tiefen Schmerzes viel mehr Fassung behalten hatte, an Elephantentödter und an die andern anwesenden Jäger und fragte sie, ob eine schleunige Verfolgung des Waldmenschen unter so ungünstigen Umständen wohl rathsam sei. Sie that sofort Einsprache und sagte entschlossen und mit dem Tone fester Ueberzeugung:

„Bruder, Schwester, der Schmerz raubt Euch die Besinnung. Es ist unmöglich, diesen Abend für das unglückliche Kind etwas zu unternehmen. Richard, ich beschwöre Dich, warte bis morgen Früh, wenn deine Nachforschungen einen günstigen Erfolg haben sollen. Was könnte es Dir in dieser Finsterniß nützen, in diesen dichten, sumpfigen Urwald zu dringen und Dich den wilden Thieren preiszugeben? Ueberdies fängt das Gewitter erst an und es wird allem Anschein nach furchtbar werden. Bedenke, daß mit Umsicht und nach einem wohlüberlegten Plane gehandelt werden muß; warte bis morgen."

„Aber morgen wird's zu spät sein!" entgegnete die verzweifelnde Elisabeth.

„Man versichert, daß der wunderbare Instinct des Waldmenschen unsern Liebling vor jedem Schaden behüten werde, und daß es wahrscheinlicher sei, ihn morgen wieder zu finden, wenn man den Entführer diesen Abend nicht beunruhigt. — Richard, Elisabeth, ich bitte Euch bei Allem, was Euch heilig, ich beschwöre Euch bei dem Leben des armen Kindes, kehret um!"

„Ihr könnet gehen," erwiederte Palmer; „führe meine gute Elisabeth und die kleine Anna, die mir doch nichts nützen können, nach Hause; mein Entschluß steht fest, ich will meinen Sohn suchen!"

„Richard, ich bleibe bei Dir!" rief Elisabeth, die sich an einen Baum lehnte, um nicht zu fallen.

„Und ich auch," fügte Anna hinzu.

„Niemand geht jetzt in den Wald," sagte eine ernste Stimme, die sich plötzlich mitten unter den Umstehenden erhob; „es wäre eine Unklugheit, ein Wahnsinn und ich erlaube es nicht."

Es war der Major Grudmann, der soeben mit dem

Doctor Van Stetten angekommen war; auf die Nachricht von dem Unglück, das die Familie Palmer getroffen, hatten sich Beide, trotz Sturm und Ungewitter, auf den Weg gemacht, um ihr Trost zu bringen und ihre Hilfe anzubieten.

Richard fuhr zornig auf, als er den Gouverneur in so befehlendem Tone sprechen hörte.

»Major Grudmann,« fragte er, »mit welchem Rechte führen Sie eine solche Sprache gegen mich?«

»Mit dem Rechte des menschlichen Gefühls, Herr Palmer; mit dem Rechte, das Jedermann hat, eine unkluge und unnütze Aufopferung zu verhindern; nöthigenfalls sogar mit dem Rechte, das ich als Gouverneur und erster Beamter dieser Colonie habe. Morgen steht es Ihnen frei, sich in diese Wildniß zu wagen, welche vielleicht noch nie von einem menschlichen Wesen betreten worden ist; aber diesen Abend ist die Gefahr zu groß, zu gewiß, als daß ich Ihnen erlauben könnte, Ihr Leben fruchtlos zu wagen, und ich hoffe, daß Sie der Stimme der Vernunft Gehör geben werden.«

Wir wissen, daß der Gouverneur seinen Willen durchzusetzen und sein Ansehen geltend zu machen wußte. Palmer schien jedoch nicht nachgeben zu wollen. Van Stetten nahm nun das Wort:

»Fügen Sie sich in das Unvermeidliche, Palmer. Andere Pflichten nehmen Sie in Anspruch. Sehen Sie Ihre Frau an —«

Elisabeth wurde in der That, nachdem die erste Aufregung vorüber war, immer schwächer, bis sie endlich in den Armen ihrer Schwägerin und der Negerin Maria zusammensank.

„Keine Hoffnung mehr!" stammelte sie; „mein Sohn ist verloren!"

Richard eilte zu ihr, aber sie war ohnmächtig, und vielleicht war es ein Glück, daß sie der traurigen Wirklichkeit entrückt war.

Der Sturm brach nun mit furchtbarer Heftigkeit los und wurde durch keine Windstille mehr unterbrochen. Die Fackeln erloschen. Die Gipfel der höchsten Palmbäume beugten sich fast bis zur Erde und viele derselben zerbrachen mit lautem Krachen. Alle Gewächse, von dem ruhigen Bombax bis zum schwachen indischen Rohr, schienen zu ächzen und unter der Gewalt des Orcans zu jammern. Zugleich fiel der Regen in dicken, schweren Tropfen und schlug die Staubwolken und das aufwirbelnde, trockene Laub nieder. Und lauter als all' dieses wilde Getöse krachte der Donner; nicht der ernste, majestätische Donner, der in unserem gemäßigten Klima mit längeren oder kürzeren Unterbrechungen grollt, sondern der tropische, unaufhörliche, betäubende Donner, der wie tausende zugleich abgefeuerte Geschütze kracht und Flammen speit wie ein Vulkan, und auf Sumatra häufig von Erdbeben begleitet ist.

Angesichts der furchtbaren Zuckungen der Natur fühlt sich der Mensch so schwach, so elend, daß seine gewaltigsten Leidenschaften plötzlich schweigen. Einer solchen Wirkung konnte sich auch Richard nicht entziehen; er erkannte endlich die Gefahren seiner Hartnäckigkeit, das Ungereimte seiner Hoffnungen.

„Gott will es nicht!" sagte er mit Schmerz. „Armes

Kind! verzeihe mir, daß ich noch einige Stunden mit der Rettung zögere und zuerst an deine Mutter denke."

Er nahm die ohnmächtige Elisabeth in seine Arme.

"Schwester, Anna," sagte er entschlossen, "geschwind nach Hause! — Doctor, ich bitte Sie, verlassen Sie uns nicht, denn Ihr Beistand wird uns gewiß nothwendig sein."

"Ich fürchte es," erwiederte Van Stetten seufzend; "Ihre liebe, gute Dame hätte mit dieser neuen Gemüthserschütterung verschont bleiben sollen. — Gehen Sie nur, ich folge Ihnen."

"Das läßt sich hören!" sagte der Major Grudmann; "mein Herr Nachbar ist vernünftig geworden. — Palmer, Sie müssen auch mich diese Nacht beherbergen, denn Ihr Haus ist das nächste von hier und dieses Gewitter scheint keinen Spaß zu verstehen."

Der Zug setzte sich sogleich in Bewegung. Die Natur tobte wie rasend um die Colonisten; jeden Augenblick drohten dicke Aeste und selbst ganze Bäume sie in ihrem Sturze zu zerschmettern, der Sturm schien sie bei jedem Schritte umwerfen zu wollen, und Einige von ihnen fühlten sich von der Erde aufgehoben. Der Regen blendete sie; glücklicherweise waren sie nicht mehr in Gefahr, sich in der Dunkelheit zu verirren; die rasch aufeinanderfolgenden, leuchtenden Blitze verbreiteten ein helleres Licht als am Tage, und einige an verschiedenen Stellen zugleich auflodernde Brände wurden durch den Regen schnell gelöscht.

Die Colonisten gingen in möglichst geschlossenen Reihen, um dem Orcane möglichst Widerstand zu leisten. Die Negeria Maria trug gemeinschaftlich mit ihrem Herrn die trotz des strömenden Regens, noch ohnmächtige Elisabeth. Mistreß Surrey hielt die weinende Anna fest umschlungen. Die Anderen folgten, sich an einander haltend und sich laut zurufend.

So erreichte man den Saum des Waldes. Auf dem freien Felde hatte man weniger von umstürzenden Bäumen zu fürchten, aber der Sturm wüthete hier noch heftiger. Zuckerrohr und Pfefferpflanzen lagen am Boden, die Reisfelder waren verwüstet, die Gewürznelken=, Muscatnuß= und Kampferbäume größtentheils entwurzelt. Es war ein unersetzlicher Schaden für die Colonie.

Aber Palmer beachtete es kaum; er dachte nur an den bedenklichen Zustand seiner Frau, deren von Regen triefendes blondes Haar im Winde flatterte. Man hätte sie für eine Leiche halten können, wenn ihr bleiches Gesicht von den Blitzen erleuchtet wurde. Richard sah sich oft nach dem Walde um. Einmal stand er sogar still und lauschte mit angehaltenem Athem: es war ihm vorgekommen, als ob eine schreiende Knabenstimme durch das Getöse des Sturmes zu ihm herüberklänge. Aber bald erkannte er seinen Irrthum und ging weiter.

Endlich kam man nach Hause. Die Besitzung Palmer's hatte bereits sehr gelitten; einige Negerhütten waren umgeworfen, der Sturm drohte die Dächer der anderen Gebäude abzudecken, und das vom Felsen herabstürzende Wasser begann den Garten zu überschwemmen. Aber Richard kümmerte sich um diese Verwüstungen eben so wenig wie um jene auf den Feldern. Er trat in das große Zimmer des Erdgeschosses, wohin ihm die meisten seiner Begleiter folgten. Eine alte Negerin, welche das Haus hütete, brachte Licht. Ohne seine kostbare Last abzulegen, sagte er vertraulich zu dem Gouverneur:

„Ich habe Sie um Entschuldigung zu bitten, Major Grutmann, daß ich Ihre guten Absichten verkannt habe. Um mir zu beweisen, daß Sie mir nicht zürnen, befehlen Sie hier, als ob Sie zu Hause wären. — Doctor Van Stetten, man wird Sie zu meiner armen Kranken rufen, sobald sie im Bett ist. Inzwischen betrachten Sie mein Haus als das Ihrige. — Schwester, denke an deine Tochter und an Dich selbst. — Aber vor Allem," fügte er laut in der allgemein verständlichen Mischsprache hinzu, „vor Allem dürfen meine Leute nicht vergessen, daß ich morgen vor Tagesanbruch im Walde sein will."

Er trug Elisabeth in ihr Zimmer und überließ es seinen Gästen und den anderen Hausbewohnern, sich von den Strapazen des Abends so gut wie möglich zu erholen.

V.

Verfolgung.

Niemand schlief ruhig im Palmer's Hause. Es waren zu viele Ursachen zur Unruhe vorhanden; Elisabeth war in Gefahr, der Doctor konnte sie keinen Augenblick verlassen. Auch Richard und Mistreß Surrey gingen nicht zu Bett. Die Kranke hatte indeß ihre Besinnung wieder bekommen, aber sie hatte ein heftiges Fieber, und die ernste Miene Van Stetten's bewies die Besorgnisse, welche er hegte.

Das Gewitter dauerte bis tief in die Nacht, und erst gegen Morgen, als Regen und Sturm nachgelassen hatten, konnten sich der Major Grudmann und seine Leute nach Hause begeben. Aber ehe der Gouverneur Abschied nahm, warb er einige Leute an, welche unter Palmer's Führung bei Tagesanbruch den Wald durchsuchen sollten. Vor allen Elephantentödter, der sich persönlich über den Orang zu beklagen hatte und vor Begierde brannte, die ihm widerfahrene Unbill zu rächen; dann Boa, ein anderer Malaye, der als Wegweiser im Dienste des Militärgouvernements stand. Boa hatte diesen Namen erhalten, weil er mit großer Behendigkeit auf Bäume klettern und durch das dichteste Gebüsche kriechen konnte; er war weiter als andere Jäger der Colonie in den nahen Urwäldern vorgedrungen, und seine Erfahrung konnte bei dem beabsichtigten Unternehmen von großem Nutzen sein. Der Neger Darius, der ein guter Schütze und seinem Herrn treu ergeben war, sollte auch mitgehen und das Gepäck tragen. Mehr Leute mitzunehmen war nicht rathsam, sie konnten mitten in den Schwierigkeiten und Gefahren eines solchen Streifzuges lästig werden.

Der Gouverneur ordnete selbst die nothwendigen Vorsichtsmaßregeln an. Die Wanderer sollten wohlbewaffnet und mit Lebensmitteln für mehrere Tage versehen sein, denn sie konnten sich in der unbekannten Wildniß leicht verirren. Grudman sprach mit Elephantentödter und zumal mit Boa, der sich auch in Palmer's Hause befand; er bedrohte sie mit den härtesten Strafen, wenn Palmer Ursache hätte sich über sie zu beklagen, dagegen machte er ihnen die glänzendsten Versprechungen, wenn es ihnen gelänge,

Vater und Sohn gesund und wohlbehalten in die Colonie zurückzubringen. Erst als er diese Anordnungen getroffen, an welche Richard nicht denken konnte, begab er sich nach Hause.

Sobald der Tag graute, waren die beiden Malayen auf den Füßen, und für die Wanderung gerüstet. Man schickte zu Richard, der traurig, mit verhülltem Gesichte vor dem Bette seiner Frau saß. Er stand schweigend auf und ging hinaus. Fünf Minuten nachher erschien er wieder in seinem gewöhnlichen Jagdanzuge: Basthut, lederne Beinkleider und Jacke, der ganze Anzug fest anliegend, um leichter zwischen den Dornensträuchern hindurch zu kommen. Seine Bewaffnung bestand in einer langen, weittragenden Büchse, zwei Pistolen und einem langen Jagdmesser, welches hauptsächlich zur Beseitigung der Schlingpflanzen diente. Trotz dieser martialischen Ausrüstung war er so bleich, so düster, so niedergeschlagen, daß man ihn nicht ohne Mitleid ansehen konnte.

Das Krankenzimmer war nur mit einer Kerze erleuchtet. Palmer trat an das Bett. Elisabeth hatte, seitdem sie aus ihrer Ohnmacht erwacht war, unaufhörlich phantasirt und nur verworrene Worte gesprochen; aber als sich ihr Mann zu ihr neigte, um sie zu küssen, schlug sie die Augen auf und sagte mit herzzerreißendem Tone:

„Mein Richard! ich will Euch erwarten — Dich und ihn!"

Der Colonist stammelte schluchzend einige Worte; aber Elisabeth verstand ihn schon nicht mehr. Die Gewalt der Umstände hatte die an ihrem Leben nagende Krankheit nur einen Augenblick überwunden, und sie begann wieder irre zu reden.

Palmer bemerkte es; er gab seiner unglücklichen Lebensgefährtin noch einen Kuß und wandte sich ab, um das Krankenzimmer zu verlassen. Aber er ward von den Armen seiner Schwester und seiner Nichte umschlungen. Mistreß Surrey, die jederzeit verständig war und die Nutzlosigkeit gewisser Warnungen einsah, weinte im Stillen. Aber die kleine Anna, deren liebliches Gesichtchen leichenblaß war, faltete zitternd die Hände und sagte:

»Nicht wahr, lieber Onkel, Du gibst mir meinen Cousin Eduard wieder?«

Palmer, der seine Nichte aufgehoben hatte, um sie zu küssen, wandte sich ab.

»Wende Dich an Gott, Anna,« sagte er seufzend »an Gott, der allein die Macht hat, uns das unglückliche Kind wieder zu geben.«

»Vor Allem, Richard, komm' zurück!« sagte Miß Surrey schluchzend.

»Und kommen Sie bald!« fügte der Doctor hinzu.

Richard setzte die kleine Anna nieder, und fragte mit angstvoller Spannung:

»Was meinen Sie, Van Stetten? Ist etwa Elisabeth in Gefahr?«

»Ich hoffe, nein; aber die Gemüthserschütterung war sehr heftig, und Gehirnentzündungen sind gefährlich in diesem verwünschten Klima. Wir brauchen eine gute Nachricht, um eine günstige Wirkung auf die Stimmung der Kranken hervorzubringen.«

Richard merkte wohl, daß das Leben seiner Frau von

dem Erfolge des gefahrvollen Unternehmens abhänge; aber er schwieg, nahm Abschied von seiner Familie und verließ rasch das Zimmer.

Van Stetten folgte ihm auf die Hausflur, wo die beiden Malayen und Darius warteten. Er schien dem Colonisten noch etwas sagen zu wollen, obgleich er nicht recht mit der Sprache heraus wollte. Als Richard den Doctor bat, die Kranke so wenig wie möglich zu verlassen, erwiederte dieser:

„Verlassen Sie sich auf mich, Palmer; ich lasse mich hier häuslich nieder, bis Sie wieder kommen. — Aber könnten Sie nicht über das so seltene und so wenig bekannte Thier, den Orang-Utang, einige Beobachtungen anstellen? Sie können nicht glauben, wie kostbar diese Beobachtungen für die Wissenschaft sein würden; wenn Sie nur Gelegenheit hätten, seinen Gesichtswinkel zu messen, oder sich zu überzeugen, daß die große Zehe seiner Füße nicht „opposabel" ist, wie manche Reisende behaupten —"

Richard machte eine ungeduldige, abwehrende Bewegung; aber er drückte dem Doctor noch einmal die Hand und verließ mit seinen drei Begleitern das Haus.

Es war noch dunkel, aber am östlichen Himmel zeigte sich bereits ein matter Lichtschimmer. Man mußte sich daher beeilen, denn bei Sonnenaufgang würde der Orang wahrscheinlich weiter waldeinwärts gehen. Regen und Donner hatten aufgehört, aber der Wind war noch ziemlich stark und große Wolken zogen schnell vorüber. Die Jäger mußten mit großer Vorsicht gehen, denn die reißenden Bergströme hatten Steine und Baumstämme in das Thal gewälzt, und hier und da waren schlammige Pfützen von dem Platzregen zurückgeblieben.

Der Erdboden hatte sich in der einzigen Nacht völlig verändert; ganze Pflanzungen waren verschwunden und die Felder zerklüftet; das mit den Ortsverhältnissen bekannteste Auge konnte sie nicht wieder erkennen unter der Schlamm- und Sandschicht, unter den zusammengeschwemmten Baumblättern, Zweigen und Trümmern jeder Art, mit denen sie bedeckt waren.

Aber Richard war mit anderen Gedanken beschäftigt. Seine Augen waren auf den Urwald gerichtet, über welchem jetzt die ersten Morgenstrahlen erschienen; zuweilen warf er einen Blick auf die kühnen Männer, die sich zu ihm gesellt hatten, um seine Mühen und Gefahren zu theilen, als hätte er erwägen wollen, wie viel Vertrauen er ihnen schenken könne.

Der Neger und die beiden Malayen trugen ebenfalls eng anliegende Kleider von dickem Leder; gegen ihre Gewohnheit hatten sie ihre Füße in Halbstiefel gesteckt, um sie gegen die Dornen und spitzigen Steine zu schützen, sie hatten nicht nur ihre langen Flinten, Pistolen und langen gekrümmten Messer, sondern auch die auf einer solchen Wanderung unentbehrlichen Lebensmittel zu tragen. Boa mochte etwa vierzig Jahre zählen, ein in diesem aufreibenden Klima schon beträchtliches Alter, und seine Statur war etwas mehr als mittelgroß; aber er war stark und ausdauernd, seine nervigen, olivenbraunen Gliedmaßen gaben Zeugniß davon. Er schien mit Elephantentödter in gutem Einverständniß zu sein; nicht als ob solche Leute für Mitleid und Theilnahme empfänglich gewesen wären, aber sie gedachten die für den Fall des Gelingens versprochene Belohnung zu theilen, freilich mit dem Vorbehalt, bei der Theilung handgemein zu werden. Der Neger Darius allein setzte sich aus Liebe zu seinem Herrn und zu dem geraubten Knaben den Gefahren dieser Wanderung aus. Leider war Darius der Schwächste und am wenigsten Erfahrene, und vielleicht konnte er in die Lage kommen, selbst der Hilfe seiner kühnen Gefährten zu bedürfen.

Boa hatte auf Zureden des Gouverneurs einen großen kampflustigen und zumal klugen Hetzhund mitgenommen; ein Gehilfe, der gelegentlich sehr gute Dienste leisten konnte. Dieser Hund trug ein dickes, mit eisernen Spitzen besetztes Halsband, an welchem ein Leitriemen befestigt war. Er ging den Jägern voraus, die Nase dicht über den Erdboden haltend; wenn er auf die Fährte eines wilden Thieres kam, so zerrte er knurrend am Riemen und sein Herr konnte ihn nur mit Mühe zurückhalten.

Die kleine Truppe schien dem Zwecke, den sie zu erreichen suchte, vollkommen zu entsprechen, und unter Palmer's Führung mußte ihr das Wagstück gelingen, wenn dasselbe die menschlichen Kräfte nicht überstieg.

Ungeachtet der Umwege, welche die Jäger machen mußten, erreichten sie den Wald vor Sonnenaufgang. Der Sturm hatte eine Menge Bäume entwurzelt; die riesigen Farnkräuter lagen an manchen Stellen wie von Elephantenheerden zertreten; frisch abgebrochene Zweige waren auf dem Erdboden zerstreut; in allen Vertiefungen stand schaumiges, schlammiges Wasser. Sogar der gigantische Bombax, der Jahrhunderte lang dem Wechsel der Jahreszeiten Trotz geboten, war nicht verschont geblieben; der Blitz hatte seinen Gipfel zerschmettert, seinen Stamm gespalten, seine prachtvollen purpurrothen Blüthentrauben weit umhergeworfen.

Die Jäger gingen auf diesen Baum zu, auf welchem der Orang Abends vorher zum letzten Male gesehen worden war. Richard bemerkte, daß er auf den Ueberresten des Krubul ging, jener wundervollen Blume, welche seinen Sohn vor zwei Tagen an diesen unheilvollen Ort gelockt hatte, und diese Erinnerung entlockte ihm einen tiefen Seufzer.

Die Malayen beriethen sich über den einzuschlagenden Weg; aber man hielt es nicht für rathsam, vor Sonnenaufgang weiter in den Wald vorzudringen. Glücklicherweise brauchten sie nicht lange zu warten; das Tageslicht verbreitete sich bald mit jener wunderbaren Schnelligkeit, welche nur in den Tropenländern stattfindet, über den Urwald und machte die nahen Gegenstände deutlich erkennbar. Die Sonne war nicht sichtbar, denn dunkle Wolkenmassen bedeckten noch immer den Horizont; aber man konnte wenigstens die Schwierigkeiten und Gefahren des Weges erkennen und das Zwitschern einiger Vögel verkündete das Erwachen der Natur nach dem furchtbaren nächtlichen Ungewitter.

Boa wandte sich nun zu Darius und sagte zu ihm: »Der Rock des Kleinen!«

Der Schwarze nahm aus seinem Sack ein Päckchen, und Richard erkannte mit Rührung und Erstaunen einen Anzug seines Sohnes.

»Was wollt Ihr damit machen?« fragte er bewegt.

»Der Herr wird's schon sehen,« erwiederte Darius.

Er übergab dem Malayen das Gewand. Boa hielt es seinem Hunde vor die Nase.

„Ich verstehe," sagte Palmer; „es ist ein guter Einfall. — O, wenn der Hund die Spur Eduards auffände!"

Die beiden Malayen forderten ihn durch Zeichen auf, sich ganz ruhig zu verhalten, und Boa sagte zu dem Hunde: „Jetzt such'!"

Der Hund hielt die Nase hoch und schien einige Augenblicke unschlüssig; aber bald wandte er sich dem Urwalde zu und schaute, am Riemen ziehend und mit dem Schweif wedelnd, nach einer Richtung hin.

„Er wittert etwas!" flüsterte Boa.

Richard fühlte eine unaussprechliche Freude; sein Vaterherz pochte fast hörbar, und er wollte seinen Gefühlen durch einige Worte einen Ausdruck geben, aber Elephantentödter winkte ihm Stillschweigen zu.

„Sprechen Sie nicht," flüsterte er ihm zu, „sonst flüchtet sich der Orang mit Eduard. Wir wollen vorsichtig weitergehen; der Waldmensch hat ein feines Gehör, und vielleicht wird er den Kleinen vertheidigen: einer von uns könnte unversehens durch einen Keulenschlag niedergestreckt werden."

Richard, der wohl einsah, daß diese Vorsichtsmaßregeln nothwendig waren, erwiederte nichts; er machte sein Gewehr schußfertig, winkte den Neger zu sich und folgte den beiden Malayen, die sich von dem Hunde führen ließen.

Gegen die Gewohnheit der Jagdhunde ging das kluge Thier mit hoch erhobenem Kopf. Einige Male wollte er anschlagen, aber ein Ruck am Halsbande vertrieb ihm diese gefährlichen Gelüste.

Er führte die Jäger in ein scheinbar undurchdringliches Dickicht. Boa rechtfertigte indeß seinen Beinamen; er kroch dem Hunde nach und verschwand geräuschlos mitten in den Dornenbüschen. Die anderen Jäger entdeckten einen minder schwierigen Durchgang, obgleich sie nur kriechend hindurch konnten. In einiger Entfernung vom Saume des Waldes waren die Gesträuche im Schatten der hohen Bäume minder dicht und kräftig. Trotzdem kam man nur langsam weiter, und in einer halben Stunde waren die Jäger erst fünf= bis sechshundert Schritte von dem großen Bombax entfernt.

Bald kam man an eine lichte Stelle, die mit zerstreut liegenden und regellos auf einander gethürmten Basaltblöcken angefüllt war. Hohe Farnkräuter und andere colossale Gewächse, die der vorsündfluthlichen Pflanzenwelt anzugehören schienen, beschatteten diese malerischen Felsen, in deren Spalten gleichwohl einige jener prachtvollen Blumen blühten, die wir mit großen Kosten in unseren Treibhäusern ziehen. Um diesen freien Platz bildeten die zwischen den Palmen, Ebenholz= und Casuarbäumen hängenden Schlingpflanzen unzählige Gewinde und Laubgewölbe; einige Bäume waren in der letzten Nacht, andere durch frühere Stürme umgeworfen worden, aber alle waren von Schlingpflanzen und prächtigen, auf alten Baumstämmen wuchernden Orchideen bedeckt. Einige Vögel mit glänzendem Gefieder, bengalische Finken, Colibris, Zuckervögel schwirrten um die noch vom Regen feuchten Blumenkronen, und ein lieblicher Duft erfüllte die Luft, wie es zuweilen in den Gärten nach einem Gewitter der Fall ist.

Hier fing der Hund an schneller zu gehen und lebhafter mit dem Schweif zu wedeln; er würde gebellt haben, wenn ihn sein Herr nicht durch starke Rucke am Leitriemen daran gehindert hätte. Aber während Boa den Hund überwachte, gab er seinen Gefährten einen Wink, auf ihrer Hut zu sein, und er selbst machte sein Gewehr schußfertig.

Alles deutete in der That auf die Nähe des Knaben und seines Entführers, und Vorsicht war unerläßlich. Der Orang hatte die Jäger vielleicht gewittert, vielleicht stand er mit seiner furchtbaren Keule schon auf der Lauer. Man mußte sich beständig nach allen Seiten umsehen, hauptsächlich auf die belaubten Aeste über sich schauen, denn der Tod konnte urplötzlich herabkommen. Der Orang schlägt nie fehl, und die Streiche, die er führt, bringen sicher den Tod.

Die Jäger lauschten auf die mindeste Bewegung, auf das leiseste Geräusch, während sie langsam zwischen den hohen, üppig wuchernden Pflanzen fortgingen. Wenn ein Blatt vom Winde bewegt wurde, oder ein Specht mit seinem Schnabel in ein Stück faules Holz hackte, oder ein kleiner Affe auf einem Baumzweige spielte, verdoppelten sie ihre Aufmerksamkeit und gingen nicht weiter, bis sie den Gegenstand ihrer Besorgniß erkannt hatten. Plötzlich stand der vorausgehende Boa still, stellte den Kolben seines Gewehres auf die Erde und winkte. Die Andern folgten dem Wink, und, durch seine gelassene Haltung beruhigt, ließen sie in ihrer Wachsamkeit etwas nach.

Am Fuße eines gewaltigen, überhangenden Felsens war eine Vertiefung, in welcher mehrere Personen während des Gewitters ein Obdach hätten finden können. Es war nicht zu verkennen, daß diese Nische oder Höhle vor Kurzem als Lager benutzt worden war; eine Menge trodenen Mooses bildete ein weiches Bett und große Palmblätter waren darüber ausgebreitet. Einige Ueberreste von Cocosnüssen und anderen wildwachsenden Früchten lagen ringsum zerstreut und schienen zu bezeugen, daß die Gäste, die unter diesem Felsen eine Zuflucht gesucht hatten, nicht mit nüchternem Magen fortgezogen waren.

Dieses Lager untersuchte der Malaye mit der größten Genauigkeit, und er hatte einige Mühe, den Hund von der nähern Untersuchung und Durchwühlung des Moosbettes zurückzuhalten. Als die anderen Jäger bei ihm waren, nahm Boa die Blätter vorsichtig ab und zeigte auf zwei Formen, eine große und eine kleine, welche deutlich im Moose zu erkennen waren. Er legte den Finger erst in die eine und dann in die andere, und sagte frohlockend:

»Hier der Orang — da Eduard.«

Elephantentödter und Darius schienen die Richtigkeit dieser Bemerkung anzuerkennen, aber Richard hegte Zweifel.

»Unmöglich!« sagte er; »wir sind hier kaum eine Viertelmeile von dem großen Bombay, unter welchem wir gestern Abends anhielten. Wenn mein Kind und der entsetzliche Affe so nahe bei uns gewesen wären, so hätten sie unser Geschrei gehört, und Eduard würde geantwortet haben.«

»Aber der Wind und der Regen!« entgegnete der Malaye; »der Herr wird sehen.«

Er ließ dem Hunde freien Spielraum; das kluge Thier steckte die Schnauze hastig unter die Blätter, als hätte es die Behauptung Boa's bestätigen wollen, und apportirte ein kleines Stück Zeug, welches Richard mit

Thränen als einen Fetzen von dem Anzuge seines Sohnes erkannte.

„Es ist also wirklich wahr, daß der Orang sein Leben geschont hat!" sagte er. „Aber sehet nur recht zu; erkennt Ihr etwa an irgend einem Zeichen, daß Eduard krank oder verwundet ist?"

Die Malayen untersuchten das Moos noch einmal auf das Genaueste; es fand sich nicht die mindeste Blutspur, und unter den Ueberresten von Früchten waren einige, die ohne allen Zweifel von einem kleineren, zarteren Munde als der des Waldmenschen benagt worden waren. Aus allen diesen Umständen konnte man schließen, daß Eduard nicht nur keine erhebliche Verletzung hatte, sondern daß er, trotz seiner unvermeidlichen Angst, noch Appetit hatte.

„Aber wo ist er denn?" fragte Richard besorgt.

„Nicht weit von hier," antwortete Boa; „das Lager ist noch ein bisschen warm. Nur still!"

Schon hatte der Hund die Felsenhöhle verlassen und lief, die Nase auf den Erdboden haltend, hin und her, als ob er eine regelmäßige Fährte gefunden hätte. Man konnte daher glauben, daß der Knabe, nachdem er sammt dem Waldmenschen das Nachtlager verlassen, frei umhergegangen war, und daß man ihn durch Verfolgung seiner Spur endlich auffinden werde. Diese Hoffnung war jedoch nicht von langer Dauer. Die Spur führte zu einem Haufen umgestürzter, halb verfaulter Baumstämme, den ein so kleiner Knabe nicht ohne Hilfe hätte überschreiten können; weiterhin waren keine Fußstapfen mehr zu sehen. Der Orang hatte Eduard vermuthlich in seine Arme genommen, um statt des allzu schwierigen Erdweges den Weg durch die Lüfte zu nehmen.

Diese Gewißheit machte die Jäger anfangs rathlos; aber die Malayen erriethen nach aufmerksamer Untersuchung der örtlichen Verhältnisse, welche Richtung der Knabenräuber eingeschlagen haben müsse. Man umging einige Hindernisse und kam an eine Stelle, wo der Boden ebener war. Der Hund fand hier die verlorene Spur wieder.

Boa wollte die Wirklichkeit dieses wichtigen Resultats durch verschiedene Experimente ermitteln; aber der Hund schien seiner Nase gewiß zu sein und ging rasch weiter. Bald war nicht mehr zu zweifeln; an einer Stelle, wo nach dem Platzregen nasser Sand zurückgeblieben war, sah man deutlich zwei nebeneinander laufende Spuren: die eine war groß, mit weit abstehender großer Zehe, die andere war offenbar die eines kleinen Knaben. Beide Spuren waren ganz frisch.

Richard konnte seine Freude nicht mäßigen.

»Mein Gott!« sagte er, seine thränenfeuchten Augen zum Himmel emporrichtend, »willst Du ihn uns wirklich wiedergeben?«

Aber seine Begleiter empfahlen ihm auf's Neue Stillschweigen, und an ihrer besorgten Miene sah man, daß ungeachtet der günstigen Aussichten noch große Schwierigkeiten zu überwinden waren.

Man ging weiter. Es fand sich eine Art Pfad, den irgend ein großes Thier gebahnt zu haben schien. Dieser Pfad war keineswegs regelmäßig, sondern oft von umgestürzten Baumstämmen und Schlingpflanzen unterbrochen. Man konnte daher nur einige Schritte weit sehen und wußte durchaus nicht, in welcher Entfernung von dem Orang und dem Knaben man sich befand. Der Hund wurde indeß immer eifriger, und man mußte jeden Augenblick eine Begegnung erwarten. Die Jäger schlichen daher vorsichtig und mit schußfertigem Gewehr dem Malayen nach.

Diese Beharrlichkeit sollte nicht ohne Erfolg bleiben. Am Ende des Pfades kamen die muthigen Wanderer in eine großartige Waldpartie, wo sie den Lohn ihrer Mühe fanden.

Große, ziemlich weit auseinanderstehende Bäume bildeten ein Laubdach, durch welches nur ein mattes Licht drang. Die gewaltigen Stämme glichen den Pfeilern einer gothischen Kathedrale. Diese Riesenbäume mit den mannsdicken Wurzeln hatten gewiß viele Jahrhunderte zu dieser staunenswerthen Entwicklung gebraucht. Unter diesem Laubgewölbe war das Echo so stark wie in großen Gebäuden, und das Geschwätz der Papageien, welche am Saume dieses majestätischen Hochwaldes spielten, wiederholte sich in unheimlicher Weise. Durch das wirre Geflecht der dichtbelaubten Zweige hätte man nicht das kleinste Stück des Himmels bemerken können. Alle blühenden, duftenden Pflanzen, die nur in freier Luft und im Sonnenlicht gedeihen, waren hier verschwunden, selbst die wuchernde Sommerwurz und die prächtig blühenden Orchideen, die sonst überall in den Wäldern von Sumatra wachsen. Der Erdboden war nur mit gelblichem Moose bedeckt, aus welchem einige Schwämme und andere seltsam geformte Kryptoganien hervorschossen.

In dem matten Dämmerlicht, das in diesem Theile des Waldes herrschte, bemerkten die Jäger endlich zwei schattenartige Gestalten, die sich etwa hundert Schritte vor ihnen bewegten; ihr scharfer Blick erkannte sofort den Orang und den jungen Palmer. Der Waldmensch, an der hohen Statur und den langen Armen erkennbar, ging langsam fort; er trug, wie gewöhnlich, einen keulenartigen Stock, der in seiner kräftigen Faust eine so furchtbare Waffe war. Neben ihm schritt Eduard, ohne Kopfbedeckung, mit zerrissenen Kleidern. Der Knabe ließ langgezogene, fast ununterbrochene winselnde Töne hören, wie man sie oft von eigensinnigen Kindern hört, die des Weinens überdrüssig sind. Diese vom Echo wiederholten Klagetöne machten einen schauerlichen Eindruck. Der Waldmensch schien seinen kleinen Gefährten indeß gar nicht schlecht zu behandeln; im Gegentheile, er zeigte sich sehr besorgt um ihn. Er blieb von Zeit zu Zeit stehen, um ihn zu erwarten. Der Knabe hatte noch die Hände voll von wilden Früchten, insbesondere eßbaren Beeren, die ihm sein Entführer von den Bäumen geholt hatte. Der Orang schien sich's zur Aufgabe zu machen, ihm jede Anstrengung zu ersparen, jede Gefahr von ihm abzuwenden; oft strich er ihm mit seiner breiten Hand liebkosend über den Rücken. Diese unverkennbare Zuneigung machte das Unternehmen der Jäger höchst gefährlich, denn der Waldmensch, das war mit Gewißheit vorauszusehen, würde eine ihm so liebe Beute nicht ohne erbitterten Kampf fahren lassen.

Richard vermochte einen leisen Schrei nicht zu unterdrücken, als er seinen Sohn erblickte; aber ein ernster Blick seiner Begleiter erinnerte ihn an die Nothwendigkeit, sich zu mäßigen. Zum Glücke war der in den Laubgewölben sich fangende Wind so stark, daß dieser Laut in einiger

Entfernung nicht hörbar war; der Orang, der doch ein so feines Gehör hatte, schien nichts vernommen zu haben, denn er sah sich nicht um. Dies konnte jedoch jeden Augenblick geschehen, und da die Jäger kein Mittel hatten, sich zu verbergen, so konnte der Erfolg des Unternehmens in Frage gestellt werden.

Es mußte schnell ein Entschluß gefaßt werden. Der Waldmensch und der Knabe entfernten sich immer; in dieser durch kein Gebüsch gedeckten Waldpartie schien es ebenso unmöglich, sie offen zu verfolgen, als sie zu überraschen. Palmer und seine Leute warfen sich hinter einem großen Ameisenhaufen platt nieder, und Boa legte seinem Hunde, der für den Augenblick nicht zu verwenden war, schnell einen Maulkorb an. Einer von ihnen beobachtete den Orang, die Andern beriethen sich flüsternd.

Es wurde rasch ein Plan entworfen. Richard und der Neger sollten, von Baum zu Baum schleichend, die Verfolgung fortsetzen; unterdessen wollten Boa und Elephantentödter auf einem Umwege ein Gebüsch von Cocosstauden, auf welches der Orang mit seinem kleinen Gefangenen zuging, früher zu erreichen suchen. So hoffte man den Waldmenschen von zwei Seiten anzugreifen und Eduard zu befreien. Dieser Plan bot viele Schwierigkeiten und der Erfolg schien zweifelhaft, aber es blieb keine Wahl, und man war sofort auf die Ausführung bedacht.

Die Malayen wandten sich also seitwärts und verschwanden bald. Auch Richard und Darius verloren keine Zeit; sie schlichen gebückt weiter. Auf dem Moose waren ihre Fußtritte nicht hörbar. Auf Schußweite sollten sie, ohne ihre Gefährten zu erwarten, auf den Orang feuern;

aber sie mußten ihren Eifer zügeln und nicht auf zu weite Entfernung schießen, denn in diesem Falle hätten sie leicht den Knaben treffen oder den Waldmenschen nur leicht verletzen können. Der Orang mußte dann noch gefährlicher werden.

Aber troß aller Anstrengungen kamen sie dem Orang nur wenig näher. Jeden Augenblick mußten sie still stehen, um den Blicken desselben zu entgehen; denn der Waldmensch war unruhig, als ob ihn sein Instinct vor einer Gefahr gewarnt hätte. Diese oft wiederholten, ermüdenden Bewegungen verzögerten ihr Vorrücken und erfüllten den armen Vater mit peinlicher Ungeduld.

Inzwischen hatten der Orang und Eduard die Grenze dieser dunklen Waldpartie überschritten und erreichten das Cocosgebüsch, sie befanden sich nun im hellen Tageslicht und man sah sie, troß der Entfernung, ganz deutlich. Plötzlich standen sie still. Palmer fürchtete anfangs, der Orang habe seine Feinde gewittert; aber die ruhige Haltung desselben beruhigte ihn. Uebrigens zeigte sich bald die Ursache dieses Stillstehens; der Waldmensch legte sich neben einer Pfüße nieder und trank gierig; Eduard hingegen schöpfte das Wasser mit seinem Händchen und führte dasselbe einigemal zum Munde, um seinen Durst zu löschen.

Der Augenblick war kostbar; Richard und der Neger eilten nun vorwärts; der schwerbeladene Darius blieb etwas zurück.

Palmer mochte nicht warten. Aber er mußte wieder stehen bleiben. Der Orang richtete sich auf und sah sich scheu nach allen Seiten um. Der Colonist legte sich nieder, bis sein Gegner wieder fortging; er bebte vor Zorn und drückte

krampfhaft sein Gewehr; aber er war zu weit entfernt,
um schießen zu können. Einige Minuten vergingen in peinlicher Spannung, ob der Orang mit dem Knaben weitergehen, oder sich mit demselben von Baum zu Baum schwingen würde. Der Zufall oder vielmehr die Vorsehung gab
der Sache eine unverhofft günstige Wendung.

Die Cocosbäume, an deren Fuß sich die Pfütze befand,
waren voll von schönen reifen Früchten. Der Waldmensch warf
schnell entschlossen seine Keule weg und kletterte auf einen
Cocosbaum, offenbar in der Absicht, die Nüsse abzupflücken.
Der Knabe blieb am Wasser; er wußte nicht, wohin er sich
wenden sollte, und mußte seinen Lieferanten erwarten.

Palmer nahm nun einen raschen, stürmischen Anlauf.
Sein Kopf brannte fieberisch, sein Herz pochte ungestüm.
Sein Sohn, die Hoffnung und Freude seiner Familie, saß
vor ihm; er war nahe daran, ihn zu berühren, in seine
Arme zu schließen, und fortan sollte ihn nur der Tod von
ihm trennen. Darius, der seinen Herrn eingeholt hatte,
zeigt nicht weniger Eifer. Um leichter zu laufen, hatte er
sein Gepäck auf das Moos geworfen, und nur mit seiner
Flinte bewaffnet, hielt er sich bereit, der Gefahr Trotz zu
bieten.

Schon war Richard ganz nahe bei seinem Sohne, und
er konnte einige betrübende Bemerkungen machen. Der
arme Kleine trug nur noch einige zerrissene Ueberreste seiner Kleidung; sein blasses, eingesunkenes Gesicht mit den
rothgeweinten Augen war mit Schrammen bedeckt, vor denen ihn der Orang, trotz aller Vorsicht, nicht hatte schützen
können. Der Knabe sah muthlos und traurig aus, aber

trotzdem betrachtete er seinen Entführer auf dem Baum oder die Cocosnüsse, die plätschernd in's Wasser fielen.

Richard war überzeugt, daß ihm sein geliebtes Kind nun nicht mehr entgehen könne. Ehe der Orang vom Baume heruntergekommen war, konnte sich Eduard unter dem Schutz seines Vaters befinden. Der vor Freude bebende Colonist streckte ihm die Hände entgegen, und da der Knabe immer auf den Cocosbaum schaute, so rief er ihm zu:

»Eduard! mein lieber kleiner Eduard!«

»Massa Eduard!« rief auch Darius.

Der Knabe sah sich rasch um. Als er seinen Vater und den Neger erkannte, sprang er mit einem lauten Freudenschrei auf und eilte ihnen entgegen.

»Ach! Vater, lieber Vater, ich wußte wohl, daß Du mir zu Hilfe kommen würdest!«

Aber diese unbesonnenen Gefühlsäußerungen, diese unüberlegten Bewegungen hatten Alles verdorben. Als Vater und Sohn eben einander in die Arme sinken wollten, warf sich ein behaartes Ungethüm brüllend zwischen sie.

Richard und Darius wurden, trotz ihrer Kraft, zu Boden geworfen und wie von einer Wurfmaschine zehn Schritte weit fortgeschleudert. Der Orang, denn dieser war von dem Cocosbaume herabgesprungen, ergriff nun den sich sträubenden, jammernden Knaben, kletterte mit unglaublicher Schnelligkeit auf einen Baum und verschwand von Neuem.

Eine immer schwächer werdende und sich entfernende Stimme rief aus den Zweigen herab:

»Vater, zu Hilfe!... Vater! Vater!«

Aber Richard konnte ihn nicht hören; er war mit dem

Kopf mit solcher Gewalt gegen einen dicken Baum gefallen, daß er regungslos, aus Mund und Nase blutend, auf der Erde lag. Darius, der weniger mißhandelt war, blieb nur einige Augenblicke betäubt. Als er wieder zur Besinnung kam, ergriff er sein Gewehr und feuerte auf's Gerathewohl. Aber der Orang war schon weit entfernt und der Hilferuf des Knaben war nicht mehr zu hören.

VI.
Der Urwald.

Als der Schuß fiel, stürzten die beiden Malayen aus dem Gebüsche hervor und kamen auf den Schauplatz dieses kurzen, aber furchtbaren Kampfes. Sie waren ihrerseits durch die in den Urwäldern gewöhnlichen Hindernisse aufgehalten worden. Gleichwohl hatten sie den Orang auf dem Cocosbaume recht gut gesehen und waren in dem hohen Grase herangekrochen, um ihm zwei Kugeln in den Leib zu jagen. Sie gaben für den noch immer bewußtlos daliegenden Palmer keine Theilnahme zu erkennen, und als ihnen der Neger erzählte, was geschehen war, geriethen sie in Zorn sowohl gegen Darius als gegen ihren Herrn. Sie meinten, man hätte zuerst auf den Orang schießen müssen, ehe man auf das Kind zueilte; sie selbst würden ihn todtgeschossen oder wenigstens schwer verwundet haben, wenn nicht die beiden Anderen in ihrer unbesonnenen Hast das ganze Spiel verdorben hätten. Vergebens entgegnete Darius, daß Palmer durch sein Vatergefühl über die Grenzen der Vorsicht getrieben worden sei; wie hätte er diesen rohen, nichts liebenden, nichts fürchtenden Geschöpfen ein solches Gefühl begreiflich machen können? Statt diesen Erklärungen Gehör zu geben, mißhandelten sie den armen Schwarzen mit Geberden und Worten. Allein in der Erwartung, den Orang, der noch nicht weit entfernt sein konnte, wiederzufinden, spürten sie ihm mit dem Hunde nach und ließen den treuen Diener bei seinem ohnmächtigen Herrn.

Darius holte Wasser aus der nahen Pfütze und besprengte Richards Gesicht; aber erst nach einer langen Weile kam Palmer wieder zur Besinnung, und als er die Augen aufschlug, schien er sich des Vorgefallenen noch nicht recht erinnern zu können.

»Ach! Herr,« sagte Darius, »es war ein Glück, daß der stumme Mensch seine Keule nicht hatte, denn er würde uns todtgeschlagen haben. — Jetzt trinken Sie das.«

Er reichte ihm eine Feldflasche mit Rum. Richard nahm einen Schluck, und endlich schien sein Gedächtniß wiederzukehren.

»Eduard! Wo ist Eduard?« fragte er, sich rasch aufrichtend.

Darius sagte ihm die traurige Wahrheit. Als Richard erfuhr, daß Elephantentödter und Boa dem Orang bereits nachspürten, sagte er:

»Wir müssen ihnen nach. Ich will Anderen die Sorge, mein Kind zu befreien, nicht überlassen; der liebe Kleine zählte auf mich, rief mich zu Hilfe.«

Er versuchte aufzustehen; aber er sank zurück, er mußte sich bedeutend verletzt haben.

„Sie haben sich noch nicht erholt," sagte der Neger zutraulich; „Sie müssen sich ausruhen. Die Malayen werden bald wieder kommen, und dann gehen wir zusammen und suchen den kleinen Massa Eduard."

Palmer mußte sich in das Unvermeidliche fügen; aber das Gefühl seiner Ohnmacht entlockte ihm heiße Thränen.

Nach einer halben Stunde kamen Elephantentödter und Boa verdrießlich zurück; sie hatten keine Spur von dem Orang gefunden, sie hatten Eduards Stimme nicht gehört.

Palmer fragte sie, was zu thun sei.

Sie antworteten mürrisch, das ganze Unternehmen sei vereitelt und aller Wahrscheinlichkeit nach werde sich eine so günstige Gelegenheit nicht wieder darbieten. Der Waldmensch sei mißtrauisch und wachsam geworden; er werde mit seinem Gefangenen gewiß eilends fliehen und erst in weiter Entfernung den Erdboden wieder betreten.

„Sie können sich nicht denken," sagte Boa, „wie groß der Wald ist. Man kann zwanzig, dreißig Tage wandern, ehe man an's Ende kommt. Wie sollen wir also den Orang finden?"

Und er zog daraus sammt seinem Gefährten den Schluß, daß man den Knaben seinem Schicksal überlassen und sich in die Colonie zurückbegeben müsse. Palmer aber erwiederte entrüstet:

„Was! ich sollte schon am ersten Tage, in der ersten Stunde die Hoffnung aufgeben, mein Kind zu befreien? Ich sollte mich durch die ersten Hindernisse abschrecken lassen? Ich habe Boa und Elephantentödter für muthiger und ausdauernder gehalten; aber sie sind schon entmuthigt.

Ihr möget gehen; ich kehre nicht um, und müßte ich allein bleiben!«

»Herr,« sagte Darius, »ich folge Ihnen bis in den Tod.«

Der Vorwurf des Colonisten hatte die Malayen beleidigt. Richard besann sich eines Bessern und erinnerte sie an die für den Fall des Gelingens versprochene Belohnung.

»Der Orang,« fügte er hinzu, »wird gewiß bald wieder auf die Erde herabkommen. Er scheint mein Kind sehr lieb zu haben, und wenn er seine Angst und Erschöpfung sieht, wird er Mitleid mit ihm haben und von den Bäumen steigen. Ihr kennet ja besser als ich den wunderbaren Instinct der Waldmenschen, denen man fast menschlichen Verstand zugestehen muß.«

»Die Orangs sind Menschen, die nicht sprechen wollen,« erwiederte Boa, indem er die allgemeine Meinung der Malayen aussprach; »sie haben mehr Verstand als manche Menschen, die sprechen.«

»Gott gebe, daß sie das Gefühl des Erbarmens mit den Schwachen haben,« sagte Richard seufzend. »Nun, wollt Ihr mit mir gehen?«

Er bot seine ganze Beredtsamkeit auf, um sie zur Fortsetzung der Verfolgung zu bewegen, und obgleich sie von einem neuen Versuche keinen Erfolg erwarteten, erklärten sie, daß sie weitergehen wollten.

Richard richtete sich mit einiger Anstrengung auf; er wankte und hatte heftige Kopfschmerzen; aber er ließ nichts merken, um seine Gefährten nicht zu entmuthigen.

Man begab sich an die Pfütze, wo die Katastrophe

stattgefunden hatte. Die Malayen untersuchten die Stelle, führten den Hund auf die ganz frische Spur des Kindes und seines Entführers, verabredeten sich mit einander und machten sich auf den Weg.

Man drang immer weiter in den Urwald vor; man ging bis zum Abend in der Einöde fort, die wahrscheinlich noch kein Mensch vor ihnen betreten hatte. Oft sah man wilde Thiere, welche der kleinen Schaar zum Glück auswichen und von ihr auch nicht verfolgt oder gereizt wurden. Man sprach nur wenig und sehr leise; man vermied jedes Geräusch und stand oft still, um in der feierlichen Stille dieser Waldeseinsamkeit zu lauschen. Aber man hörte weder den Orang noch Eduard; nirgends fand man ihre Spur. Selbst der Hund, dem man oft die Kleider des geraubten Kindes vor die Nase hielt, schien nicht mehr zu begreifen, was man von ihm wollte; er suchte wohl ein paar Minuten und nahm dann die Fährte eines Hirsches oder eines andern Wildes auf. Der Orang war gewiß nur weit entfernt und in einer andern Waldgegend auf die Erde herabgekommen.

Eine Stunde vor Sonnenuntergang waren die Jäger völlig erschöpft. Sie hatten auf der langen Wanderung oft kriechen oder mit ihren langen Messern einen Weg durch die Schlingpflanzen bahnen müssen. Lange Dornen, von denen einige für giftig galten, waren durch ihre ledernen Anzüge gedrungen; ihre Hände und Gesichter waren stark geritzt; zahllose blutgierige Insecten, Muskitos, Stechfliegen, Wespen bildeten um sie eine summende Wolke. Ueberdies hatten sie im Laufe des Tages nicht gerastet, um zu essen; sie hatten sich mit einigen Waldfrüchten begnügt. Der Hunger erschöpfte ihre Kräfte vollends.

Aber keiner war in einem so traurigen Zustande wie Richard, der Anführer der Jäger. Diese übermäßigen Strapazen, verbunden mit der peinlichen Aufregung, hatten seine Schmerzen fast unerträglich gemacht. Ein hitziges Fieber folterte ihn; er vermochte sich kaum fortzuschleppen; er konnte keinen Gedanken mehr fassen, er wußte nicht mehr, was er wollte, wohin er ging. So mußte er sich auf Darius stützen, um den beiden Malayen zu folgen, und ohne die Fürsorge des Negers wäre er längst zurückgeblieben.

Man mußte auf ein Nachtlager bedacht sein. Die Malayen selbst wußten nicht mehr, wo sie waren. Der Himmel war den ganzen Tag bewölkt gewesen, und überdies standen die Bäume so dicht, daß es unmöglich gewesen wäre, sich nach der Stellung der Sonne zu richten. Man wußte, daß man weit, sehr weit von den Wohnungen der Menschen war, und es blieb nichts übrig, als mitten im Walde zu übernachten. Es war wieder ein heftiges Gewitter im Anzuge, und es war Zeit Halt zu machen, um sich ein Obdach zu schaffen.

Dies war keineswegs leicht. Man mußte einen offenen Platz finden, den Erdboden reinigen, um die gefährlichen Insecten zu beseitigen, aus Zweigen und Laub eine Hütte bauen, Holz sammeln und durch ein loderndes Feuer die wilden Thiere abhalten. Diese Arbeiten mußten den erschöpften Jägern sehr schwer werden.

Richard wollte indeß noch nicht Halt machen, als man ihm zu bedenken gab, daß sie Alle der Ruhe bedürften; er meinte, man könne noch weiter gehen, vielleicht würde man den Orang und dessen Gefangenen doch noch finden. Aber die Malayen ließen diese Einwendungen unbeachtet, und während der unglückliche Vater unter der Obhut des Negers auf dem Grase lag, waren sie auf die Herbeischaffung der nothwendigen Bedürfnisse bedacht.

Der Ort, wo man Halt gemacht hatte, schien zum Uebernachten nicht günstig. Man befand sich auf einem von großen Thieren, Büffeln oder Elephanten, gebahnten Wege; was sollte aus den schlafenden Wanderern werden, wenn diese furchtbaren Heerden, die hauptsächlich in der Nacht in Bewegung sind, über sie herfielen? Ueberdies wurden die Jäger von Durst gequält, sie mußten Wasser aufsuchen. Die beiden Malayen gingen daher in verschiedenen Richtungen fort, um in der Nähe einen besseren Lagerplatz zu finden.

Nach einer kleinen Weile kam Elephantentödter ganz verdrießlich zurück und setzte sich nieder, um seinen Genossen zu erwarten. Dieser kam bald mit seinem nunmehr frei umherlaufenden Hunde. Boa schien in seinen Nachforschungen glücklicher gewesen zu sein, denn er sagte in seiner lakonischen Weise:

„Kommt Alle!"

Elephantentödter folgte ihm, ohne Erklärungen zu verlangen; aber Richard konnte der Aufforderung nicht so schnell folgen. Der Colonist konnte sich nicht mehr aufrichten; Darius mußte ihn führen, und so schleppte er sich, von heftigen Schmerzen gefoltert, den Anderen nach.

So ging man etwa hundert Schritte fort. Boa hatte eine von riesigen Bäumen umgebene lichte Stelle zum La=

gerplatz erkoren. In der Mitte war eine Pfütze, und das Wasser, obgleich von dem letzten Regen zurückgeblieben, war ziemlich klar und frisch. Die Aufmerksamkeit der Jäger wurde sofort auf einige aus Zweigen und Laub auf großen, weit hervorstehenden Baumwurzeln erbaute Hütten gelenkt. Diese sehr roh gearbeiteten Hütten, in denen sich weder Thüren noch Fenster befanden, konnten den Jägern von großem Nutzen sein, denn sie hatten weder Zeit noch Kraft, sich andere zu bauen. Eine dieser Hütten war, einem großen Vogelnest vergleichbar, auf einem Baum, zwischen zwei dicken gabelförmigen Aesten. Aber diese Bauart hatte nichts Auffallendes in einem Lande, wo die meisten Wohnungen auf Pfählen ruhen, wie die Hütten der Malayen zu Neu-Drontheim.

Richard, obgleich von Strapazen und Schmerzen erschöpft, betrachtete neugierig diese sonderbaren Hütten.

»Wie ist es möglich,« sagte er, »daß menschliche Wesen in dieser traurigen Einöde wohnen konnten?«

»Nicht Menschen aus den Colonien,« erwiederte Boa, »sondern Menschen, die nicht sprechen.«

»Was,« sagte Richard, »diese Hütten sind von Waldmenschen erbaut und bewohnt worden?«

Die beiden Malayen bejahten.

»Dann wollen wir hier übernachten; die Bewohner dieser Hütten werden gewiß bald wieder kommen, und vielleicht ist der Entführer meines Sohnes unter ihnen.«

Aber Boa entgegnete, daß die Hütten schon längst von ihren Bewohnern verlassen sein müßten. Die Palmblätter, mit denen sie gedeckt waren, zerfielen in Staub; die Mooshaufen im Innern wimmelten von Feuerasseln,

Tausendfüßen, Scorpionen und anderen giftigen Thieren. Die umherliegenden Ueberreste von Cocosnüssen waren verfault. Eine Keule war in einer Hütte zurückgelassen worden, und aus der dürren, losgeschälten Rinde war zu schließen, daß diese Waffe der Waldmenschen länger als ein Jahr dort gewesen sei. Kurz, es war nicht zu erwarten, daß diese Hütten von ihren früheren Inhabern wieder besucht werden würden.

Als Nachtquartier waren diese Dranghütten keineswegs zu verachten; das Gewitter stieg auf, der Himmel verfinsterte sich immer mehr. Boa belegte zwei dieser Hütten mit frischen Blättern, entfernte das von Insecten wimmelnde Moos und bereitete ein reinliches Lager. Elephantentödter sammelte Holz und schnitt die hohen Gräser und Kräuter in der nächsten Umgebung des Lagers ab.

Die geübten Malayen hatten diese Arbeiten schnell beendet. Bald lag Richard in der größten Hütte auf einem weichen Moosbett. Darius sollte bei seinem Herrn bleiben, während Boa und Elephantentödter von einer andern Hütte Besitz nahmen. Die Malayen und der Neger verabredeten sich zu abwechselnder Nachtwache.

Sie aßen mit großem Appetit am Feuer, das ihnen nicht nur zur Beleuchtung diente, sondern auch die Muskitos verscheuchte.

Richard konnte, obgleich er den ganzen Tag nichts gegessen hatte, an dem Mahl nicht theilnehmen; er schlürfte nur etwas Cocosmilch, die ihm der Neger brachte. Er lag in einer Art Erstarrung, sein Athem war schwer und von unwillkürlichen Klagetönen begleitet.

Die Nacht brach an und mit ihr kam das längst er=

wartete Gewitter. Die Jäger flüchteten sich in die Hütten. Der Platzregen löschte das Feuer aus, und es war unmöglich es wieder anzuzünden. Dadurch wurde die Gefahr größer, denn die wilden Thiere konnten nur durch Feuer abgewehrt werden; aber trotz Sturm und Blitz und Donner schliefen die ermüdeten Jäger ein, bis auf den Wächter, der für die gemeinsame Sicherheit zu sorgen hatte.

Das Gewitter dauerte bis Tagesanbruch, und diesem Umstande vielleicht verdankte man die ungestörte Ruhe, denn die reißenden Thiere scheinen während eines heftigen Gewitters einen Theil ihrer Wildheit zu verlieren. Nur eine Störung fand statt, während Boa die Wache hatte. Der Hund, der neben seinem Herrn lag, hob plötzlich den Kopf und knurrte. Boa, der wohl wußte, was dies bedeutete, ergriff sein Gewehr und sah sich nach allen Seiten um. Kaum zwanzig Schritte entfernt funkelten zwei Augen in der Dunkelheit. Ohne sich zu besinnen legte er an und schoß; ein furchtbares Geheul folgte dem Knall. Der Malaye faßte nun seinen Kriß, denn er erwartete einen Angriff der wilden Bestie; aber es blieb fortan Alles ruhig. Das Getöse des Sturmes und Donners war so furchtbar, daß die Jäger durch den Schuß und das Gebrüll nicht einmal aufgeweckt wurden. Als Boa am andern Morgen nachsah, ob er ein Raubthier erlegt, fand er unter den Gebüschen große Blutlachen, welche der Regen nicht völlig weggewaschen hatte; wahrscheinlich hatte ein Königstiger zum ersten Male in dieser Einöde die überlegene Macht des Menschen kennen gelernt.

Als der Tag angebrochen war, schienen die Malayen und der Neger nach dem erquickenden Schlaf bereit, ihre Nachforschungen fortzusetzen. Leider war ihr Anführer nicht

mehr im Stande, seinen Gefährten Befehle zu geben oder
sie zu begleiten. Er lag im Fieber; sein Gesicht war glü-
hend roth, seine Augen starr. Man rief ihn, aber er schien
es nicht zu hören; man versuchte ihn aufzurichten, aber er
sank kraftlos zurück. Man bestürmte ihn mit Fragen, aber
er gab nur unverständliche Laute von sich; er hatte keine
Gedanken mehr, fühlte und verstand nicht mehr.

Was war zu thun? Boa und Elephantentödter, die
harten, gefühllosen Menschen, wollten den Kranken verlassen; sie wollten in die Colonie zurückkehren und Richard
und den Neger ihrem Schicksal überlassen. Aber Darius
bot seine ganze Beredtsamkeit auf, um ihnen diesen selbst-
süchtigen Entschluß auszureden; er erinnerte sie an die aus-
drücklichen Weisungen des Gouverneurs; er gab ihnen zu
bedenken, daß der Major sie aufhängen oder erschießen
lassen würde, wenn sie ohne Palmer in Neu-Drontheim
erschienen. Diese Vorstellungen wirkten, die Malayen wurden endlich fügsamer.

Es wurde verabredet, daß Boa und Elephantentödter
im Laufe des Tages die Spur des Waldmenschen aufsuchen
sollten, während Darius mit dem Kranken in der Hütte
bliebe. Die beiden Malayen sollten Abends zurückkehren,
und wenn ihre Nachforschungen erfolglos blieben, so wollten sie am andern Morgen den Rückzug antreten. Bis
dahin würde Palmer wahrscheinlich wieder zur Besinnung
kommen und im Stande sein, Befehle zu ertheilen. Als
dieser Plan verabredet war, stieg Boa auf einen Baum,
um sich zu orientiren und um später die Hütten wieder finden zu können. Dann gingen die beiden Malayen, von dem
Hunde begleitet, weiter in den Wald.

Darius blieb also allein bei seinem Herrn. Der Tag schien ihm endlos lang. Der Wind hatte sich gelegt, aber es regnete noch stark, und das Wasser drang durch das leichte Dach der Hütte. Der Kranke schien nicht darunter zu leiden, er legte sogar seine heiße Stirn unter das herabtropfende Wasser und fühlte dabei einige Linderung. Er sprach nicht, er schien Darius nicht zu erkennen; aber von Zeit zu Zeit redete er irre. Bald glaubte er seinen Sohn zu sehen und nannte ihn bei den zärtlichsten Namen; bald rief er Elisabeth und suchte sie zu trösten. Auch der Name des Commodore Stevenson kam zuweilen über seine Lippen. In seinen Fieberphantasien war er abwechselnd von Freude, Hoffnung und Schrecken erfüllt. Dann sank er erschöpft nieder und blieb ruhig, bis seine Erstarrung durch neue Phantasien unterbrochen wurde.

Gegen Abend kamen die beiden Malayen sehr ermüdet und durchnäßt zurück. Sie hatten den Orang nicht gesehen und es war keine Hoffnung, den unglücklichen Eduard wiederzufinden. Man mußte auf weitere Nachforschungen in dem endlosen Urwalde verzichten. Sie hatten einen schwarzen Bären erlegt, der sie angegriffen hatte. Ueberdies waren sie von einem Büffel verfolgt worden, und sie waren dem bösartigen Thiere nur durch List entkommen. Einige Stunden von den Hütten waren sie endlich an einen morastigen, von Crocodilen und großen Schlangen wimmelnden See gekommen und lange an demselben fortgegangen, ohne das Ende zu finden. Man mußte daher auf den Rückzug bedacht sein, um so mehr, da die beginnende

Regenzeit die Rückkehr zur Colonie sehr schwierig, vielleicht gar unmöglich machen konnte.

Diese Gründe waren unwiderlegbar, und Darius wußte keine andere Antwort zu geben, als daß sein Herr durchaus nicht im Stande sei zu gehen. Er wollte indeß noch bis zum andern Morgen warten, um einen entscheidenden Entschluß zu fassen; er hoffte, daß sich Palmer's Zustand in der Nacht bessern werde.

Aber diese Nacht war noch schlechter als die vorige. Der Kranke war sehr unruhig und seine Fieberphantasie grenzte an Wahnsinn. Andererseits regnete es unaufhörlich und es war eine Ueberschwemmung der tiefer liegenden Landstriche zu fürchten. Man konnte daher in dieser Nacht kein Feuer anzünden und die Tiger umschwärmten brüllend die Hütten. Man mußte von Zeit zu Zeit schießen, um sie zu verscheuchen, und fortwährend wachsam bleiben. Als der Tag anbrach, hatten die Jäger noch gar nicht geschlafen.

Sie hätten indeß der Ruhe bedurft, um Kräfte für die neuen Strapazen zu sammeln. Man konnte sich keiner Täuschung mehr hingeben, man mußte den Knaben seinem Schicksale überlassen und schleunigst nach Neu-Drontheim zurückkehren. Die Lebensmittel waren verzehrt und man war fortan auf die im Walde wildwachsenden Früchte angewiesen. Die Kleider waren zerrissen, die Füße bluteten; die Gesichter und Hände, ja manche Stellen des Körpers waren voll von Dornenstichen und von Beulen, welche durch Insectenstiche verursacht waren. Ein schleuniger Rückzug war nothwendig, und da Richard nicht gehen konnte, mußte er getragen werden.

Die Malayen entschlossen sich jedoch erst nach einigem Sträuben dazu; Darius mußte sie wieder an die Versprechungen und Drohungen erinnern. Endlich gaben sie ihre Zustimmung. Die Vorbereitungen zur Rückkehr wurden nun sogleich getroffen. Man machte aus Zweigen eine Tragbahre, auf die man den immer noch bewußtlosen Colonisten legte, und nachdem die Jäger eine große Eidechse zum Frühstück verzehrt hatten, verließen sie die Oranghütten.

Die Wanderung war mit großen Strapazen verbunden. Die Jäger gingen meistens im Wasser oder auf durchweichtem Boden, während ihnen der Dritte mit seinem langen Messer einen Weg durch das Dickicht bahnte. Man mußte oft Umwege machen, um tiefen Pfützen oder Dornengebüschen auszuweichen. Unglücklicherweise verirrten sie sich oft, trotz des instinctartigen Ortssinnes der Malayen. Boa und Elephantentödter setzten sich einige Male nieder; sie wollten den Kranken nicht weiter tragen und zogen ihre langen Messer gegen den armen Darius, der ihnen Muth zusprach.

Der treue Diener fühlte sich zuweilen selbst ganz erschöpft, und er begann an der Möglichkeit, seinen Herrn nach Hause zu bringen, zu zweifeln. Sein ganzer Körper war voll Wunden und Beulen, er vermochte sich kaum auf seinen blutenden Füßen zu halten. Diese Anwandlungen von Verzagtheit waren indeß nur kurz; er faßte bald wieder Muth, und wenn einer seiner Gefährten die Kraft oder den guten Willen verlor, so nahm er selbst dessen Platz an der Tragbahre ein.

Noch furchtbarer waren die Leiden Richards. Er

vermochte sich in seinem hilflosen Zustande nicht vor Gestrüpp und Schlingpflanzen zu schützen, er war im heftigsten Fieber vom Regen durchnäßt, und gegen Abend gab er nicht einmal einen Laut mehr von sich. Darius fürchtete das Schlimmste, aber er legte die Hand auf Richards Brust und fühlte die Pulse des Herzens. Die größte Eile war nothwendig, wenn dieser letzte Lebensfunken nicht bald erlöschen sollte.

Der Hund Boa's war dabei von großem Nutzen. Oft fand er den verlorenen Weg wieder und warnte die Jäger vor wilden Thieren. Endlich meldete er durch lautes Bellen die Ankunft in der Colonie.

Es war Zeit; die Sonne neigte sich bereits mitten unter blutrothen Wolken, und wenn die Reisenden noch eine Nacht ohne Nahrung und Obdach im Walde hätten zubringen müssen, so wäre vielleicht Keiner von ihnen von dieser gefährlichen Wanderung zurückgekommen. Sie bekamen wieder neuen Muth, als sie auf gebahnte Wege kamen und die Pflanzungen erblickten. Sie trugen nun ihre Last mit größerer Leichtigkeit. Nur der Kranke gab kein Zeichen der Freude; er lag regungslos, ohne Besinnung auf der Tragbahre.

Die Chinesen Palmer's waren eben mit ihrer Feldarbeit fertig und wollten sich nach Hause begeben. Einige von ihnen betrachteten den kläglichen Zustand der Jäger mit ihrem nationalen Phlegma, ohne sich zu erkundigen, was geschehen sei, ohne ihnen Hilfe anzubieten. Aber Elephantentödter gab sich damit nicht zufrieden; er gab dem Neger, der den Kranken mit ihm gemeinschaftlich trug, einen Wink und sie setzten die Tragbahre nieder. Der Malaye faßte nun die beiden nächsten Chinesen bei ihren langen Zöpfen und zwang sie, die Hand an seinen Kriß legend, den Kranken zu tragen.

»Er ist auch euer Herr,« sagte er; »jetzt kommt die Reihe an Euch.«

Die Chinesen, unter denen sich auch unser alter Bekannter, Yaw, befand, mußten die Träger ablösen, während diese sich wankend hinter ihnen herschleppten.

Es war Nacht, als sie das Haus des Colonisten erreichten. Man eilte ihnen mit Fackeln und Laternen entgegen. Man mochte nicht fragen, man sah sie mit stummer Erwartung an. Ihr kläglicher Zustand sagte genug, einige Worte des treuen Negers gaben genügende Aufklärung über das Mißlingen des Unternehmens. Darius erkundigte sich nun nach dem Befinden der Mistreß Palmer.

»Ach, Darius,« antwortete Maria weinend, »großes Unglück im Hause! . . . Gute Herrin hat keine zwei Stunden mehr zu leben.«

In diesem Augenblicke erschienen Mistreß Surrey und die kleine Anna, beide bleich und zitternd, in der Hausthür.

»Eduard!« rief das Mädchen; »bringet Ihr meinen Cousin Eduard?«

Niemand antwortete.

»Und mein Bruder!« rief Mistreß Surrey; »wo ist mein Bruder?«

Das Licht einer Fackel fiel auf die Tragbahre, und man konnte den todtbleichen, entstellten, kaum ein Lebenszeichen gebenden Palmer sehen. Mistreß Surrey glaubte, er sei todt, und schrie laut auf. Anna fiel in Ohnmacht.

Der Doctor Van Stetten eilte nun auch herbei; ein Blick genügte ihm, die Wahrheit zu erkennen.

"Ach!" sagte er traurig, "die gute Nachricht, die ich erwartete, um meine arme Kranke wieder zu beleben, wird nicht kommen; hier ist im Gegentheil neue Arbeit für mich und neues Herzeleid für Alle. Warum muß denn diese Familie so schwer geprüft werden?"

"Es ist ein Fluch auf ihr, Doctor!" erwiederte Mistreß Surrey in Verzweiflung. "Elisabeth hat Recht; wir müssen für irgend ein großes Verbrechen büßen; wie könnten wir sonst an Gottes Güte glauben?"

Aber diese Worte, die der sanften, vortrefflichen Frau durch die Verzweiflung entlockt wurden, hörte keiner von den Anwesenden; denn Alle waren mit Palmer beschäftigt, und die Negerin trug die ohnmächtige Anna in's Haus.

Den andern Morgen erfuhr man im Dorfe Neu-Drontheim, daß Mistreß Palmer in der Nacht gestorben, und daß auch ihr Mann dem Tode nahe sei. Zugleich ging das Gerücht, daß das Schiff "Gertrud", das vor drei Tagen mit dem englischen Commodore Sir Georges Stevenson in See gegangen war, mit Mann und Maus untergegangen sei.

VII.

James Stewart.

Fünf Jahre waren seit den eben erzählten Ereignissen verflossen.

In dieser Zwischenzeit hatten in Neu-Drontheim auffallende Veränderungen stattgefunden und die Colonie hatte ein ungemein blühendes Ansehen bekommen. Viele neue Gebäude, Indigofabriken, Mühlen bedeckten das Thal, als ob sie aus der Erde gewachsen wären; der Urwald, der vormals die Wohnung in einem drohenden Halbkreise umgab, war einige Meilen zurückgewichen, und die Cultur hatte überall bemerkenswerthe Eroberungen gemacht.

Auch der große Bombax war verschwunden; an derselben Stelle, wo Eduard und seine Hüterin von einem Tiger angegriffen worden waren, sah man Pfeffer- und Reisfelder. Die Bevölkerung von Neu-Drontheim schien sich in dieser kurzen Zeit verdreifacht zu haben. Sie bestand allerdings noch aus dem seltsamen Gemisch von Hindu, Malayen, Negern und Europäern, welche wir bereits kennen; aber die Anzahl der Europäer hatte verhältnißmäßig mehr zugenommen, und außer den kleinen Küstenfahrern lagen immer mehrere europäische Handelsschiffe im Hafen vor Anker.

Die Vertheidigungsmittel der Colonie waren ebenfalls besser geworden. Statt der armseligen, halb verfallenen Citadelle, welche vormals auf dem Felsen am Hafen gestanden, sah man auf beiden Seiten der Flußmündung zwei schöne, gut erhaltene und wohlbewachte Batterien, welche einem Angriff dauernden Widerstand zu leisten vermochten. Eine andere, sogleich in die Augen fallende Veränderung wird die übrigen vielleicht erklären: statt der holländischen Flagge flatterte die englische über den Festungswerken, und die zähen, langsamen Niederländer hatten den unternehmenden, kühnen Engländern das Feld geräumt.

Dieser Besitzwechsel hatte schon einige Monate nach der dreifachen Katastrophe, welche die Familie Palmer getroffen, stattgefunden. Die Engländer, welche den Holländern bereits ihre anderen Besitzungen in Java, Borneo und Malakka entrissen hatten, konnten die winzige Colonie Neu-Drontheim nicht länger übersehen. Der Major Grudmann war zu wiederholtenmalen vor der drohenden Gefahr gewarnt worden; aber was konnte er thun? Man schickte ihm weder Soldaten noch Kriegsbedarf. Sobald die Engländer erschienen, um das ihm anvertraute Land in Besitz zu nehmen, zog er sich mit seiner handvoll Leute in das Fort zurück und fiel kämpfend. Seine Soldaten hielten sich ebenfalls tapfer, bis sie dem Feinde ihre letzte Kanonenkugel zugeschickt hatten, dann ergaben sie sich und erlangten eine ehrenhafte Capitulation.

Trotz des Krieges, der in jenen Meeren noch wüthete, nahm die Colonie unter ihren dermaligen rastlos thätigen Besitzern einen außerordentlichen Aufschwung. Palmer's Besitzung hatte unter dieser raschen Entwicklung keineswegs gelitten; seine Gebäude schienen sogar größer und besser im Stande als vormals; er hatte mehr Arbeiter, und kaum waren seine Magazine von den Handelsschiffen ausgeleert worden, so füllten sie sich wieder, wie durch Zauberei, mit allen Arten von Gewürzen, Farbewaaren und kostbaren Hölzern, um neuen Nachfragen zu genügen. Das Wohnhaus hatte sein sauberes, zierliches Ansehen behalten; der Garten hatte keine von seinen chinesischen Sonderbarkeiten verloren, weder seine Pagode mit den vergoldeten Glöckchen, noch seine über den Bach geschlagenen Brücken von Bambusrohr, noch seinen porzellanenen Elephanten mit

den Blumentöpfen auf dem Rüssel. Eine verständige, wohl=
thuende Aufsicht schien noch in diesem Hause geführt zu
werden, um Reichthum und Behaglichkeit zu erhalten.

Es war aber nicht Richard Palmer's Einfluß. Das
Haupt der Familie hatte nicht mehr die dazu nothwendige
Energie und Willenskraft. Nach seiner Genesung von der
Krankheit, die ihn an den Rand des Grabes gebracht,
hatte er das Leben nicht mehr als eine Wohlthat betrachtet.
Der Verlust seiner Frau und seines Sohnes, die in so
vielen schweren Prüfungen sein Trost und seine Hoffnung
gewesen waren, hatte ihn traurig, schweigsam, menschen=
scheu gemacht. Er kümmerte sich gar nicht um seine Ge=
schäfte, er sehnte sich immer nach den Wäldern, in denen
er oft fünf bis sechs Tage nach einander zubrachte. Wenn
er nach einer so langen Abwesenheit wieder nach Hause
kam, war er abgemagert, ausgehungert, erschöpft. Seine
düstere Stimmung gab Anlaß zu dem Gerücht, er habe den
Verstand verloren.

Mistreß Surrey, welche schon zu Elisabeths Zeit die
Aufsicht über das Haus führte, hätte die Leitung der Fa=
milienangelegenheiten übernehmen können; aber ihre Ge=
sundheit war durch die letzten Katastrophen heftig erschüttert
worden. Sie war schwach und kränklich; ihre größte Sorge
blieb immer die Pflege und Aufheiterung des unglücklichen
Richard, ohne daß sie ihm jedoch den mindesten Zwang
anthat. Der leitende, anordnende Genius war Anna Surrey.

Anna war siebzehn Jahre alt, und ihr frühzeitig ent=
wickelter Verstand kam ihrer Herzensgüte gleich. In Folge
der uns bekannten traurigen Ereignisse hatte das Kind
plötzlich eine seltene Geistesreife erlangt. Sie hatte einge=

sehen, daß ihr fortan gemeinschaftlich mit ihrer Mutter die Pflicht oblag, dem armen Richard rathend, helfend, tröstend beizustehen, und sie hatte eine Entschlossenheit, eine Klugheit und Umsicht gezeigt, welche in ihrem zarten Alter nicht zu erwarten war. So hatte sie sich nach und nach gewöhnt, Alles im Hause vorauszusehen, vorzubereiten, anzuordnen. Sie hatte in sehr kurzer Zeit eine große Gewandtheit in Handelsgeschäften erlangt, und sie führte die Bücher, schloß die Geschäfte ab. Sie führte auch die Aufsicht über die Arbeiter und verhinderte jede Verschleuderung und Veruntreuung; ihr zartes Händchen konnte nöthigenfalls eine eiserne Faust werden. Bis jetzt hatte ihre Thätigkeit den besten Erfolg gehabt; Niemand hatte bemerkt, daß der Herr vom Hause nicht fähig war, seine Geschäfte zu führen, und je mehr er den Umgang mit Menschen mied, desto reichlicher schien ihn der materielle Wohlstand unter der Fürsorge seiner Nichte für sein vergangenes Mißgeschick entschädigen zu wollen.

Fünf Jahre waren also verflossen. Im Mai, wo wir den Faden der Erzählung wieder anknüpfen, war die Regenzeit zu Ende und der so lange bewölkt gewesene Himmel von Sumatra prangte wieder im herrlichsten Blau. Der Frühling ist freilich kaum bemerkbar in jenem heißen Himmelsstriche, wo die Vegetation nie rastet; aber gewisse frischere, zartere Farbentinten, gewisse lieblichere Düfte gaben Zeugniß von der Verjüngung der Natur. Eine größere Thätigkeit herrschte auch unter den Colonisten seit dem Eintritte der schönen Jahreszeit, und viele Schiffe lagen auf der Rhede vor Anker. Täglich signalirte der auf den Trümmern des alten Forts Wache haltende Matrose die Ankunft eines neuen Schiffes, und ein Kanonenschuß verkündete diese gute Nachricht sofort den Einwohnern der Colonie, welche die zur Rückfracht bestimmten Waaren in Bereitschaft hielten.

Eines Morgens schien der am Signalmaste wachestehende Matrose, nachdem er ein Ereigniß dieser Art wie gewöhnlich angekündigt, einen besondern Umstand zu bemerken, welcher der Oberbehörde auf der Stelle gemeldet werden müsse. Er ließ daher einen seiner Gehilfen auf dem Posten und begab sich eilends zum Gouverneur, der am Ufer unter dem Schutze einer der neuen Batterien wohnte.

Dieser Gouverneur war ganz verschieden von dem Major Grudmann, der bei aller scheinbaren Gutmüthigkeit so schlau und zugleich so hartnäckig gewesen war. Er war ein junger Mann von achtundzwanzig Jahren, Schiffslieutenant in der englischen Marine. Er hatte ein freies, offenes Gesicht und das Benehmen eines feinen Weltmannes; man versicherte, daß er einer sehr reichen englischen Bürgerfamilie angehöre. James Stewart, so hieß der Gouverneur, hatte bei seinen persönlichen Vorzügen und zumal bei der Protection, deren er sich erfreute, gewiß eine glänzende Zukunft, und man konnte sich wundern, daß man ihn in dieser unbedeutenden, ungesunden Colonie seine schönsten Jahre verleben ließ. Aber es ging das Gerücht, er büße in diesem Exil für gewisse Jugendthorheiten, er habe das Unglück gehabt, sich gegen einen Vorgesetzten aufzulehnen, und man habe ihn nach Nen=Drontheim geschickt, bis diese fatale Geschichte vertuscht worden. Wie dem auch sein mochte, diese Art Deportation an die Grenze der bewohnten Welt mußte dem fein gebildeten, dem Anschein nach geselligen jungen Gouverneur recht peinlich sein.

Der Matrose fand James Stewart in einem hübschen, in europäischem Geschmack möblirten Arbeitszimmer. Der Gouverneur, in der reichen Uniform der königlichen Marine, las Depeschen, die er Morgens mit einem Handelsschiff erhalten hatte. Als der Signalmann eintrat, sah er sich um.

»Nun, Robert, was gibt's?« fragte er zerstreut.

»Ein Segel in hoher See, Sir.«

»Gut; es ist heute das dritte. Aber deshalb brauchtet Ihr mich nicht zu belästigen; ich habe den Kanonenschuß gehört. Geht auf euren Posten.«

»Commandant, ich habe . . .«

Der alte Matrose stockte und drehte seinen Hut zwischen den Fingern.

»Nur heraus damit!«

»Nun, ich wollte Ew. Gnaden melden, daß ich ein Kriegsschiff mit hohem Bord erkannt habe.«

»Seid Ihr eurer Sache gewiß?« fragte Stewart verwundert; »ein Linienschiff in diesem Meere!«

»Nein, aber eine schöne, stattliche Fregatte, die nicht weniger als fünfzig Stückpforten zu haben scheint.«

»Habt Ihr die Flagge nicht gesehen?«

»Sie führte keine Flagge, Sir; wenigstens war sie noch zu entfernt, man konnte die Farben nicht erkennen.«

»Es ist gut, ich will selbst darnach anslugen. Kommt.«

Er nahm ein vortreffliches Fernrohr vom Tische, setzte seinen Hut auf und ging, trotz der großen Hitze, rasch zum Beobachtungsposten hinauf. Der alte Matrose mußte, wie er sich ausdrückte, »alle Segel aufspannen,« um ihm folgen zu können.

Stewart warf einen forschenden Blick auf die unabsehbare Fläche des Stillen Meeres. Nie hatte dieses Meer seinen Namen besser verdient; es war rein blau und sein majestätischer Wasserspiegel wurde durch eine regelmäßige Brise kaum gekräuselt. Der Gouverneur richtete sein Fernrohr nach den Weisungen Robert's. Einige Seemeilen jenseits des Eilands, welches sich vor der Rhede ausbreitete, bemerkte man einen weißen Punkt, den man anfangs für eine dicht über dem Wasser fliegende Möve hätte halten können; aber der Seemann täuschte sich nicht; er erkannte wirklich ein Schiff und beobachtete es mit großer Aufmerksamkeit.

Robert erwartete schweigend das Resultat dieser Beobachtungen. Endlich nahm der Offizier das Fernrohr von seinem Auge weg, schob es zusammen und sagte lächelnd zu dem Matrosen:

»Ihr habt Recht, Robert, es ist eine Fregatte, beiläufig von der Nummer, welche Ihr angegeben, und sie steuert offenbar auf unsern Hafen zu.«

»O, ich wußte es wohl, Sir!« erwiederte der Matrose, der sich freute, daß er Recht hatte.

»Ja; aber wenn Ihr die Augen besser aufgethan hättet, so würdet Ihr die englische Flagge (Gott segne sie!) sammt dem Admiralswimpel an ihrem Mast gesehen haben.«

»Der Admiralswimpel! nicht möglich!«

»Sehet selbst,« sagte der Gouverneur und reichte ihm das Fernrohr.

Der Matrose legte seinen Hut auf eine Laffette und hielt respectvoll das Fernrohr vor die Augen. Nach einer kurzen Beobachtung erwiederte er verlegen:

»Ich begreife nicht, daß ich die Schwalbenschwanz-flagge nicht erkannt habe. Aber die Fregatte ist näher gekommen, während ich zur Batterie hinunterging, und dann ....«

»Genug,« unterbrach Stewart; »es ist gewiß, daß uns ein englischer Admiral einen Besuch abstatten wird, und vielleicht werden hier bald Veränderungen stattfinden, die mir nicht unlieb sein dürften. Aber,« fügte er in einem andern Tone hinzu, »die Fregatte kann binnen zwei oder drei Stunden die Runde Insel nicht umsegeln, und bis dahin habe ich etwas zu thun. Gute Wache also, Master Robert!«

Er ging rasch den Felsen hinunter; der alte Matrose schaute ihm ganz verblüfft nach, die wichtige Nachricht war ihm unerwartet gekommen.

Der Gouverneur gab sogleich Befehl seinen Palankin zu bringen, und nachdem er einige Papiere zu sich genommen und seinen Leuten die nöthigen Weisungen gegeben hatte, stieg er in der Sänfte und begab sich zu Palmer.

Unterwegs nahm Stewart einen erst diesen Morgen angekommenen großen Brief mit dem Admiralitätssiegel aus der Tasche. Er betrachtete lange die Aufschrift, welche lautete: »An Herrn Richard de Beaulieu, genannt Palmer, zu Neu-Drontheim.«

»Richard de Beaulieu!« sagte er verwundert; »ob Miß Anna's Oheim wirklich so heißt? Ich hielt ihn für einen Engländer und dieser Name deutet auf französische Herkunft. — Aber wo habe ich denn diesen Namen Beaulieu gehört? Mich dünkt, daß er mit einer scandalösen Geschichte in Verbindung steht. Nun, Miß Anna wird mir's wohl erklären."

Er steckte den Brief wieder in die Tasche, und obgleich er auf dem ganzen Wege in Gedanken vertieft war, schienen seine Betrachtungen doch eine andere Richtung genommen zu haben.

Der Gouverneur stieg vor der Veranda des Hauses ab, und ohne sich melden zu lassen, betrat er das Vorzimmer der Familie Palmer.

Dieses Zimmer war noch eben so sauber und wohnlich wie früher. Schöne tropische Gewächse blühten in japanischen Töpfen und farbenprächtige Vögel, Paradiesammern, Colibri's, bengalische Finken flatterten in einem großen vergoldeten Käfig. Die Möbeln, die chinesische Stuckaturarbeit glänzten. Ein Negerknabe setzte die Fächer in Bewegung und unterhielt kühle, duftende Luftströmungen. Das ganze Zimmer machte einen höchst freundlichen, behaglichen Eindruck.

Als der Gouverneur eintrat, befanden sich mehrere Personen unserer Bekanntschaft im Salon. Anna Surrey, wie gewöhnlich weiß gekleidet und mit einem Gazeschleier bedeckt, saß vor einem kleinen lackirten Tische, an welchem sie zu schreiben pflegte. Das für viele Andere so mörderische Klima hatte die Entwicklung ihrer Schönheit beschleunigt. Sie war groß und schlank, aber nicht mager. Sie hatte blondes Haar, aber ihr Gesicht hatte jene dunklere Farbe, die sonst nur den Brünetten eigen zu sein pflegt, und ihre blauen Augen leuchteten durch den Schleier. Sie sah in den Wirthschaftsrechnungen nach, aber diese Beschäftigung hinderte sie nicht, von Zeit zu Zeit an dem Gespräch Theil zu nehmen, welches die andern Personen führten. Ihr gegenüber saß Mistreß Surrey, ihre Mutter, die in den letzten Jahren sehr gealtert hatte. Sie war schwach und leidend, und gab dem Doctor Van Stetten, der selbst sehr gelb und runzelig, aber nicht viel magerer geworden war, eine ausführliche Beschreibung ihres Siechthums.

Ehe wir in unserer Erzählung fortfahren, ist es nothwendig zu erklären, wie Van Stetten, der holländische Militärist, in der nunmehr englischen Colonie geblieben war. Van Stetten war Kriegsgefangener, wenigstens glaubte er's zu sein. Nach der Einnahme von Neu-Drontheim war der Doctor sammt den übrigen holländischen Beamten anfangs wirklich als Kriegsgefangene betrachtet worden; aber bald hatten seine Leidensgefährten die Erlaubniß erhalten, in ihre Heimat zurückzukehren, und er allein war in der Colonie zurückbehalten worden, weil er unentbehrlich war. Es war nämlich bald nach der Ausschiffung in Neu-Drontheim eine bösartige Seuche ausgebrochen, und da die Engländer keinen Arzt mitgebracht hatten, so mußte Van Stetten die Kranken behandeln.

Später glaubte der Gouverneur, der Vorgänger Stewart's, den holländischen Arzt entlassen zu dürfen, bis ein Sanitätsbeamter aus England oder aus den indischen Colonien eintreffen würde. Aber der Krieg, den England mit Frankreich und Holland führte, ließ wenige Aerzte disponibel, und bisher hatte Van Stetten noch keinen Ersatzmann gefunden.

Gleichwohl war Van Stetten weder von dem vorigen Gouverneur noch von James Stewart als Kriegsgefangener behandelt worden. Man war sehr zuvorkommend gegen ihn und überhäufte ihn mit Geschenken; zu jedem Feste wurde er geladen. Man hätte ihn längst nach Europa zurückgeschickt, wenn es ihm ernstlich darum zu thun gewesen wäre. Aber der würdige Mann wurde durch viele zarte Bande an Neu-Drontheim gefesselt: vor allem durch sein freundschaftliches Verhältniß zu der Familie Palmer, dann durch den Wunsch, seine Sammlungen zu vermehren und ein umfangreiches Werk über die Naturgeschichte dieses Theils von Sumatra zu vollenden; endlich durch die Schwierigkeit, in jenem Welttheile, wo Holland keine Colonien mehr hatte, seinen Wohnsitz zu nehmen.

Der Doctor mochte indeß diese Gründe, welche ihn zum Ausharren in seiner dermaligen Lage bewogen, nicht offen aussprechen; er wollte lieber für einen Märtyrer der britischen Politik gelten; er glaubte oder gab vor, man halte ihn mit Gewalt zurück, und er klagte gern über sein trauriges Geschick. Man kannte seine schwache Seite und hütete sich wohl, dieselbe zu verletzen; aber man bedauerte ihn nicht und lachte im Stillen über seine Klagen.

Als der Gouverneur erschien, standen alle anwesenden Personen auf, ihn zu begrüßen. Die Wangen der Miß Surrey wurden mit einer leichten Röthe übergossen. Van Stetten empfing den ersten Beamten der Colonie mit einer Verbeugung und sah dann finster darein, wie immer, wenn er sich bei einem englischen Offizier befand.

James Stewart war sehr höflich und entschuldigte sich wegen seines raschen Erscheinens. Nachdem er die Damen in der üblichen Weise begrüßt hatte, wandte er sich zu dem Doctor und reichte ihm freundlich die Hand.

„Der Herr Gouverneur sind zu gütig," sagte Van

Stetten mit seiner erzwungenen Zurückhaltung; „solche Beweise von Theilnahme sind unter den obwaltenden Umständen nicht angemessen."

„Trösten Sie sich, Doctor," erwiederte Stewart mit einem Anflug von Spott; „Ihre Lage, welche Sie so bitter beklagen, wird sich vielleicht bald ändern: in einigen Tagen wird es Ihnen freistehen, nach Europa zurückzukehren."

„Ist es möglich!" rief Van Stetten in einem Tone, der keine freudige Ueberraschung ausdrückte.

„Ich hoffe es. Man hat mir so eben eine große Fregatte signalisirt, die auf unsern Hafen zusegelt und aller Wahrscheinlichkeit nach den Generalgouverneur der englischen Besitzungen an Bord hat; Sie können sich an ihn wenden, und er wird Ihnen die Bitte um Rückkehr in Ihre Heimat gewiß nicht abschlagen."

„Ich werde mich an ihn wenden," erwiederte der Doctor verlegen, „obgleich es mir leid thun wird, diese liebenswürdigen Damen und alle meine hiesigen Freunde zu verlassen. — Aber wie können Sie wissen, daß sich der Admiral auf dem signalisirten Schiffe befindet? Noch gestern schienen Sie von diesem so nahe bevorstehenden Besuch keine Ahnung zu haben."

„Sie vergessen, Doctor, daß ich diesen Morgen mit dem „Pegasus" Depeschen aus England bekommen habe. So habe ich erfahren, daß der Generalgouverneur nächstens die Colonie besuchen werde. Der „Pegasus" hat einige Monate verloren, um bedeutende Beschädigungen auszubessern, und ist wahrscheinlich nur um wenige Stunden dem Admiral voraus."

„Wie heißt der Admiral?" fragte Miß Anna.

„Das weiß ich nicht," erwiederte Stewart. „Bei der Abfahrt des „Pegasus" war der neue Generalgouverneur noch nicht ernannt. — Aber vermuthlich hegen Sie und Ihre Mutter, wie gewöhnlich, den sehnlichen Wunsch, die landenden englischen Seeoffiziere zu sehen, und ich lade Sie Beide ein, mich an den Hafen zu begleiten, um bei der Ausschiffung anwesend zu sein."

Anna sah ihre Mutter an.

„Wozu könnte das nützen," sagte Mistreß Surrey, den Kopf schüttelnd; „der Mann, dessen Rückkehr Du noch immer erwartest, ist ja bei dem Schiffbruch der „Gertrud" umgekommen."

„Das holländische Schiff „Gertrud" hat ja nicht Schiffbruch gelitten," entgegnete der Gouverneur mit einiger Ungeduld, denn er hatte diese Versicherung wohl schon hundertmal gegeben; „es hatte sich allerdings das Gerücht von dem Untergange des Schiffes verbreitet, aber es liefen bald andere Nachrichten ein, und jetzt weiß man bestimmt, daß die „Gertrud", trotz unserer Kreuzer, glücklich nach Europa zurückgekehrt ist."

„Aber," sagte Anna traurig, „Sie haben über den Commodore Stevenson, der sich am Bord dieses Schiffes befand, gar nichts erfahren können."

„Das ist nicht zu verwundern, Miß Surrey; die meisten englischen Offiziere, welche, wie ich, in diesem Welttheile dienen, sind seit mehren Jahren nicht in England gewesen, und wir erfahren nur zufällig, was im Mutterlande vorgeht. Ueberdies werden uns die Holländer, denen wir in diesem Kriege so viel genommen, einen so ausgezeichneten Offizier nicht so bald herausgeben."

"Ach! es ist traurig, Gefangener im Feindeslande zu sein!" sagte Van Stetten mit einem Stoßseufzer; "Niemand weiß es besser als ich!"

Aber diese Klage blieb unbeachtet.

"Ich will Ihnen glauben, Herr Stewart," erwiederte Anna; "aber der Commodore hat seit fünf Jahren nichts von sich hören lassen..."

"Er kann durch zahllose Umstände verhindert worden sein, an Sie zu schreiben, oder seine Briefe, die einen so weiten Weg zu machen hatten, sind nicht angekommen. Ich weiß nicht, Miß Surrey, weshalb Sie an dem Commodore Stevenson einen so lebhaften Antheil nehmen; aber das Loos dieses Offiziers scheint mir beneidenswerth. — Doch ich hätte beinahe den Hauptzweck meines Besuches vergessen," fügte er nach einer kurzen Pause hinzu: "Ich habe mit dem "Pegasus" einen Brief unter der Adresse: "Monsieur de Beaulieu, genannt Palmer," erhalten, und ich dachte, er könne an Ihren Oheim sein, obgleich Niemand hier ist, der ihn unter dem Namen Beaulieu kennt."

"Beaulieu!" wiederholte Anna erblassend.

Mistreß Surrey war nicht minder bestürzt.

"Wer kann ihn noch so nennen?" stammelte sie; "es ist eine Grausamkeit, oder wenigstens eine große Unbesonnenheit."

Der Gouverneur verstand diese Worte nicht recht, aber er bemerkte die Verlegenheit der Mutter und Tochter.

"Sie werden besser zu beurtheilen wissen als ich,"

fügte er mit scheinbarer Gleichgiltigkeit hinzu, „ob dieser Brief an Herrn Palmer ist, oder nicht. Nehmen Sie."

Er reichte den Damen das Schreiben. Diese lasen die Aufschrift und wechselten leise einige Worte; sie wußten vielleicht nicht, ob sie den geheimnißvollen Brief annehmen oder zurückweisen sollten. Als sie zögerten, fuhr Stewart fort:

„Warum sollte dieses Schreiben nicht die so sehnlich erwarteten Nachrichten von dem Commodore Stevenson enthalten? Sie sehen, daß es mit dem Admiralitätssiegel versehen ist."

„Das ist wahr," sagte Anna hastig. „O mein Gott! wäre es möglich? ... Aber dieser Name Beaulieu ...."

Sie stockte, als sie bemerkte, daß der Gouverneur aufmerksam zuhörte.

„Ich glaube, Sir," sagte sie verlegen, „daß mein Onkel vormals den Namen Beaulieu geführt hat und daß dieser Brief wirklich an ihn adressirt ist."

„Nun, Miß Surrey, könnten Sie sich nicht sofort Gewißheit verschaffen?"

„Mein Oheim ist nicht zu Hause; er ist seit einigen Tagen auf der Jagd im Urwalde, und seine lange Abwesenheit beunruhigt uns schon."

„Er scheint indeß, wenn ich nicht irre, ziemlich oft so weite Ausflüge zu machen. — Aber ich glaubte, Miß Surrey, Sie wären ermächtigt, die Briefe Ihres Oheims zu öffnen?"

„Ja, die Geschäftsbriefe; aber dieses Schreiben scheint von einiger Wichtigkeit, und ich würde mir nicht erlauben..."

„Gut, Miß Surrey; ich will Ihnen den Brief lassen, da Sie glauben, daß er an Mr. Palmer adressirt sei. —

Jetzt habe ich mich meines Auftrags entledigt," fügte er mit bittendem Tone hinzu; "werden Sie mich nicht an den Hafen begleiten, um die Ankunft der Fregatte zu sehen?"

Anna sah wieder ihre Mutter an; aber Mistreß Surrey schützte ihre Kränklichkeit und Schwäche vor, sie könne die Einladung nicht annehmen.

"Dieser Schritt würde gewiß erfolglos sein," sagte sie mit matter Stimme, "und die Anstrengung würde für mich zu groß sein. Als Sie kamen, Mr. Stewart, klagte ich dem Doctor Van Stetten mein Leid, denn mein Zustand wird täglich schlimmer."

"Ich glaube, die Consultation war zu Ende," sagte der Doctor.

"Nein, noch nicht, mein werther Herr; ich hatte Ihnen noch viel zu sagen. Wenn uns der Herr Gouverneur noch einige Augenblicke bewilligen wollte, so würde ich ihn bitten, mit meiner Tochter in den Garten zu gehen, ich würde unterdessen meinen Bericht beendigen."

Dieser Vorschlag schien mit einem geheimen Wunsche Stewart's übereinzustimmen; er bot der erröthenden Anna den Arm und Beide entfernten sich, während Van Stetten mit ruhiger Ergebung sich anschickte, die schon oft wiederholten Klagen der kränkelnden Dame noch einmal anzuhören.

VIII.

Die Pagode.

Der Garten Palmer's bildete, trotz seiner sonderbaren Zierathen, eine reizende Promenade. Dichtbelaubte Bäume, welche ihre Zweige über den Alleen ausbreiteten, ließen keinen Sonnenstrahl durch, und die Wasserfälle verbreiteten eine erquickende Kühle. Anna und der Gouverneur schritten anfangs schweigend durch diese schönen Laubgänge. Nicht als ob Stewart nichts zu sagen gehabt hätte; aber der vor dem Feinde so tapfere Mann hatte vielleicht nicht den Muth, mit dem schönen Mädchen ein Gespräch anzuknüpfen. Endlich, als die Beiden vor die Pagode kamen, wo der kleine Eduard einst seine Aufgabe gelernt hatte, stand er plötzlich still und sagte wohl weniger aus Neugierde, als in der Absicht, dieses lästige Stillschweigen zu brechen:

„Warum ist denn dieser Pavillon immer verschlossen, Miß Surrey? Ich bin, wenn ich nicht irre, noch nie darin gewesen, und doch würde ich wetten, daß die wunderliche Phantasie des chinesischen Erbauers sich im Innern wie an der Außenseite zeigt."

„An diesen Pavillon," antwortete Anna, „knüpfen sich theure und traurige Erinnerungen. Er ist für meine Mutter, für meinen Oheim, für mich selbst gleichsam ein

Tempel, den wir nicht ohne Rührung betreten können. Wir lassen auch keine der Familie fremde Person hinein."

"Und natürlich gehöre ich zu den Personen."

Der Gouverneur bedachte nicht, daß diese Bemerkung als Vorwurf genommen werden konnte; er war also sehr erstaunt, als Anna einen Schlüssel aus der Tasche nahm und die Pagode aufschloß.

"Treten Sie ein, Sir," sagte sie mit Würde; "es ist hier nichts, was Sie nicht sehen dürften."

Statt dieser Einladung zu folgen, blieb Stewart vor der Thür des Pavillons stehen.

"Ich fürchte Sie beleidigt zu haben, Miß Surrey," sagte er etwas betroffen; "ich hatte nicht die Absicht..."

"Treten Sie ein," wiederholte Anna lächelnd.

"In welcher Eigenschaft, wenn ich fragen darf?"

"Als Freund, als zartfühlender Mann, der die Gefühle Anderer theilt und die Erinnerungen an theure Personen achtet."

Stewart, über diese Antwort erfreut, ergriff ihre Hand und zog sie an seine Lippen, ehe sich Miß Surrey dessen erwehren konnte; dann traten sie Beide in die Pagode.

Es herrschte in derselben ein Halbdunkel, welches einer träumerischen Stimmung günstig war. Nichts war an der Einrichtung verändert worden; nur daß man aus dem Innern des Kiosk eine Art Museum gemacht hatte, welches Erinnerungen an den unglücklichen Knaben enthielt. Auf dem Tische lagen noch die Schulbücher, die ihm so unangenehm gewesen waren; seine Spielsachen, mit Inbegriff des kleinen Bogens, der den im Walde verlorenen

erſetzt hatte, waren in einem Winkel aufgehäuft. An einem
Nagel hing sein Strohhut, den man an der Lavaquelle
gefunden hatte. Es schien, als ob Eduard jeden Augenblick
in diesen einst so oft besuchten Pavillon zurückkommen
müßte, und als ob man die Sachen dagelassen hätte, wo
sie einst geweſen waren.

Anna konnte sich einer gewiſſen Rührung nicht erwehren, als sie dieſen so trübe Erinnerungen weckenden
Ort betrat. Aber sie bezwang sich und sagte mit scheinbarer Ruhe:

„Die Negerin Maria muß hier Alles in Ordnung
halten. Sie wissen, daß sie die Aufsicht über meinen Cousin hatte, und sie betritt dieſen Pavillon nie ohne bittere
Thränen zu vergießen."

„Es freut mich sehr, Miß Surrey," erwiederte Stewart, „daß Sie mir einen Vorzug vor Anderen eingeräumt
haben. Dieſe Gunst ermuthigt mich zu der Bitte, mir in diesem Pavillon ein kurzes Gehör zu schenken. Vielleicht ist
das, was ich Ihnen zu sagen habe, hier in diesem Fami-
lienheiligthum nicht am unrechten Ort."

Anna gab einiges Erstaunen zu erkennen; wir wollen
indessen nicht behaupten, daß sie die Abſicht Stewart's, sie
ohne Zeugen zu sprechen, nicht gemerkt habe. Sie bot dem
Gouverneur einen Stuhl, während sie selbst in einiger
Entfernung Platz nahm; dann erwartete sie schweigend,
aber nicht ohne einiges Herzklopfen, die angekündigte Mit-
theilung.

Nach einigem Zögern begann Stewart mit faſt feierlichem Tone:

„Miß Surrey, die Ankunft des Admirals wird auf

mein Schicksal wahrscheinlich einen entscheidenden Einfluß haben. Die Ungnade, in der ich stehe, wird nun aufhören, und es wird vielleicht nur von mir abhängen, bald nach Europa zurückzukehren."

Anna war sehr betroffen.

„Sie wollen abreisen, Mr. Stewart?" sagte sie mit einer Hast, welche große Unruhe verrieth.

Aber sie fügte gelassener hinzu:

„Es wird Ihren ... Freunden sehr leid thun."

„Und Miß Surrey ist doch unter diesen Freunden? O, Anna, lassen Sie mich hoffen, daß Ihnen meine Abreise nicht gleichgiltig sein wird."

„Mr. Stewart darf nicht daran zweifeln; er ist ja immer sehr freundlich und wohlwollend gegen meine Familie gewesen."

Eine Thräne drängte sich zwischen ihre langen Wimpern und zitterte wie ein Thautropfen an einem Blumenkelch. James Stewart bemerkte diese Thräne und sagte entzückt:

„Läugnen Sie es nicht, Anna, meine Abreise würde Ihnen nicht gleichgiltig sein und ich würde dieses Land, wo ich das reizendste, liebenswürdigste, beste Wesen gefunden, nicht ohne tiefen Schmerz verlassen! ... Miß Surrey, es hängt von Ihnen ab, ob ich in dieser Colonie noch länger bleiben soll."

„Von mir, Mr. Stewart? Ich verstehe Sie nicht?"

„Ist das wirklich wahr, Miß Surrey?" erwiederte der Gouverneur aufstehend; „haben Sie den Zweck meiner häufigen Besuche in Ihrem Hause nicht errathen? Haben Sie die Absicht meiner Aufmerksamkeit, meiner Zuvorkommenheit nicht geahnt? Haben Sie nicht in meinen Augen, in meinem Herzen die innige, aufrichtige Liebe gelesen, die ich für Sie fühle?«

»Sir . . .?«

»O, Sie dürfen kein Bedenken tragen, Anna, mich anzuhören. Meine Absichten sind aufrichtig und ehrenhaft. Ich bitte Sie um Erlaubniß, bei Ihrer Mutter und Ihrem Oheim um Ihre Hand zu werben.«

Anna glaubte wirklich, daß der schöne junge Mann, der halb kniend und in angstvoller Spannung den Urtheilsspruch erwartete, angehört zu werden verdiente. Aber sie wechselte rasch die Farbe und brach, ohne ein Wort zu sagen, in Thränen aus.

Stewart gab dieser Gefühlsäußerung die seinen Wünschen günstigste Deutung.

»Anna,« fügte er tief bewegt hinzu, »werden Sie mir verzeihen, daß ich es wage, um Ihre Hand zu werben?«

Miß Surren schien einen schmerzlichen inneren Kampf zu bestehen, ehe sie erwiderte:

»Mr. Stewart, die Erfüllung Ihres Wunsches ist unmöglich.«

»Was sagen Sie? sollte ich mich geirrt haben? Anna, Sie lieben mich nicht?«

»Es handelt sich nicht um persönliche Zuneigung . . . aber ich kann Ihre Frau nicht werden.«

»Ist es mir erlaubt, Sie um die Gründe dieser Weigerung zu fragen?«

»Ich würde sie Ihnen lieber verschweigen. Sie kennen indeß meine Familie nicht, Mr. Stewart, und es bestehen von dieser Seite Hindernisse, vor denen Sie vielleicht zurückschrecken würden."

„Ich habe allerdings heute zum ersten Male eine Andeutung von Geheimnissen bekommen, die ich nicht ahnte. Aber wenn Sie mich lieben, Anna, so wäre vielleicht kein Hinderniß unbesiegbar."

Sie antwortete nicht und wandte sich weinend ab. James Stewart trat rasch zurück.

„Nun denn," sagte er mit Schmerz, aber entschlossen, „so will ich den Admiral um Befehl zur Abreise bitten."

„Reisen Sie nicht ab!" entgegnete aber Anna mit einer Lebhaftigkeit, welche nur eine Deutung zuließ.

„Sie wollen, daß ich bleibe, Anna? Ich bitte Sie, erklären Sie sich!... Was bedeuten diese Thränen? Geben Sir mir Aufklärung..."

„Haben Sie Mitleid mit mir, James," sagte das arme Mädchen außer sich. „Wenn ich Ihnen auch meine Liebe schenkte, deren Sie so würdig sind, so könnte ich Ihnen doch kein Gehör geben, denn ich bin mit einem Andern verlobt."

„Sie ... mit einem Andern verlobt?"

„Wenn ich nicht wüßte, mit wem ich spreche, würde ich die Gefühle, denen ich gehorche, nicht so offen darlegen; aber von Mr. Stewart habe ich keinen Spott zu fürchten; ich bitte ihn daher, wieder Platz zu nehmen und mir ein kurzes Gehör zu schenken."

Der Gouverneur setzte sich. Anna erzählte nun ausführlich das trauliche Verhältniß, welches vormals zwischen ihr und ihrem kleinen Cousin Eduard Palmer bestanden; die Gewalt, welche sie über ihn hatte, die Zuneigung, die er zu ihr gehabt; wie sie nach dem Wunsch der Eltern für einander bestimmt gewesen, und wie sie schon als Kinder diese vorzeitige Verlobung für Ernst genommen, bis ein fast unglaubliches Ereigniß sie plötzlich getrennt.

„Sie werden in diesem Versprechen,« fuhr sie fort, „wahrscheinlich nur eine Kinderei sehen, die gar keiner Beachtung werth. Sie werden mir vielleicht zu bedenken geben, daß mein Cousin gewiß längst umgekommen und daß ich keine Verpflichtungen nun gegen ihn habe. Ich denke anders; ich kann nicht glauben, daß ein Versprechen wenn auch nur unter Kindern gewechselt, nichtig sei. Ich bin fest überzeugt, daß der arme Eduard noch lebt und daß wir ihn wieder sehen werden; die Bemühungen meines Vaters, der täglich sein Leben wagt, um seine Spur wiederzufinden, werden gewiß später erfolgreich sein. Ich weiß nicht, woher ich diese Zuversicht habe, aber sie ist unerschütterlich und leitet alle meine Handlungen. Weil ich Eduards Rückkehr erwarte, bin ich in seinem Interesse thätig und suche sein Vermögen zu vermehren; mein Oheim kann es nicht mehr, der Kummer hat ihn gebeugt und seine Gedanken sind auf eine andere, dringende Pflicht gerichtet. Eduard soll, wenn er wieder erscheint, in Wohlstand und Behaglichkeit leben; aber was könnten ihm meine Anstrengungen und Opfer nützen, wenn er seine Braut als die Frau eines Andern fände?«

Neue Thränen folgten dieser Erklärung. Anna sprach mit so viel Offenheit und Zuversicht, daß es unmöglich war, an der Wirklichkeit ihrer seltsamen Bedenklichkeiten zu zweifeln.

„Und aus diesem Grunde,« erwiederte Stewart mit

innigem Bedauern, „weisen Sie meine Werbung und meine
Liebe zurück!... Anna, arme Anna, Sie opfern sich einer
vermeinten Pflicht. Sie setzen Ihre Zukunft auf ein Hirn=
gespinnst. Ich beschwöre Sie, bedenken Sie doch, wie thö=
richt solche Hoffnungen sind. Warum glauben Sie, daß
Eduard Palmer noch am Leben sei?«

„Und warum glauben Sie, daß er nicht mehr am
Leben sei?«

„Ich schließe es aus den mir bekannten Umständen,
unter denen der Knabenraub stattgefunden, aus der Un=
möglichkeit, daß ein menschliches Wesen in einer so furcht=
baren Einöde unter wilden Thieren leben kann. Und wenn
Eduard auch wirklich wieder erschiene, würde er das kost=
bare Geschenk, das Sie ihm machen wollen, auch zu schä=
tzen wissen? und würde er es auch für sich in Anspruch
nehmen?«

„O, er hat mich nicht vergessen, er liebt mich noch.
Mein Bild ist ihm gewiß im Gedächtniß geblieben!«

„Aber bedenken Sie doch, Miß Surrey, daß Ihr
Verwandter, nachdem er mehrere Jahre im Urwalde, mit=
ten unter den Waldmenschen gelebt, außerordentlich ver=
ändert sein muß; Sie würden ihn kaum wieder erkennen
und Ihren Blick mit Abscheu von ihm abwenden.«

„Daran habe ich auch schon gedacht,« erwiederte Anna
schaudernd, „und ich mag diesen peinlichen Gedanken nicht
festhalten. Aber je mehr der Unglückliche verwildert ist,
desto mehr wird er meiner Zuneigung und Aufopferung
bedürfen.«

„Miß Surrey, Sie legen sich Verpflichtungen auf,

welche Ihre Kräfte übersteigen könnten. Ich beschwöre Sie, geben Sie diese Hirngespinnste auf."

"Drängen Sie mich nicht länger, Mr. Stewart; was Sie Hirngespinnste nennen, wird zur Wirklichkeit werden, ich bin fest davon überzeugt. Und wie könnte ich meinen früheren Gefühlen so schnell entsagen, wenn ich hier, in diesem Zimmer durch so viele Gegenstände an ihn erinnert werde? Sehen Sie, Alles was Sie hier umgibt, vergegenwärtiget mir ihn. Hier spielte oder lernte er; hier gab er sich seiner lärmenden Munterkeit hin. Wie oft bin ich hiehergeeilt, um seine überlaute Freude zu zügeln! Er folgte mir, versprach sich zu bessern und schloß mir den Mund mit einem Kuß."

Anna schien absichtlich diese Erinnerungen zurückzurufen, als ob sie ihr in dieser Unterredung zur Abwehr dienten. Stewart fühlte sich endlich verletzt durch diese Beharrlichkeit.

"Genug, Miß Surrey," sagte er kalt und stand zum zweiten Male auf, "ich sehe, daß neue Gefühle Ihre Erinnerungen aus der Kindheit nicht zu verdrängen vermögen. Die Wirklichkeit ist freilich so prosaisch gegen die Gebilde einer glühenden Phantasie! ... Wenn Sie erlauben, wollen wir wieder zu Ihrer Mutter gehen."

Er trat auf sie zu, um ihr den Arm zu bieten; aber Anna blieb regungslos, in Gedanken vertieft.

"Ach!" sagte sie endlich, wie mit sich selbst redend, "wenn ich glauben könnte, daß meine Hoffnungen nicht gegründet sind und daß er nicht wiederkommen wird!"

"Erklären Sie sich, Anna!" erwiederte der Gouverneur, der jedes ermuthigende Wort gern rasch ergriff; "wenn

Sie die Gewißheit hätten, daß Ihr Cousin nicht wiederkommen wird, könnten Sie sich dann entschließen, meinen Wunsch zu erfüllen?«

»Ich weiß nicht,« stammelte Anna mit gesenkten Blicken, »und doch...«

»Sie lieben mich also, Anna? O, sagen Sie, daß Sie mich lieben, und ich unterwerfe mich jeder Prüfung, um Sie mein nennen zu können.«

»Ich weiß nicht, ob ich Sie so liebe, wie Sie es wünschen, Stewart,« erwiederte Miß Surrey mit entzückender Offenheit und Natürlichkeit; »aber meine Zuneigung zu Ihnen ist ganz anderer Art als die Gefühle, die mich vormals an Eduard fesselten. Ich liebte meinen Cousin, wie eine ältere Schwester einen jüngeren Bruder liebt, den sie zu schützen, zu beaufsichtigen berufen ist; zu Ihnen hingegen fühle ich mich hingezogen, um Ermuthigung, Rath und Schutz zu finden.«

»Anna, liebe Anna!« sagte Stewart freudig überrascht. »Ich danke Ihnen für dieses Geständniß. Sie haben mir das beste Los vorbehalten.«

Und er bedeckte ihre Hände mit Küssen. Miß Surrey aber stammelte verlegen:

»Nicht wahr, James, Sie wollen nicht mehr abreisen?«

»Nein, Anna; ich werde dem Admiral erklären, daß ich mit meiner hiesigen Stellung zufrieden bin und in Neu-Drontheim bleiben will. Wenn ich einst diese Colonie verlasse, so soll es nur in Ihrer Begleitung sein.«

Aber die Leidenschaft des jungen Offiziers eilte der

schüchternen, zaghaften Liebe Anna's weit voraus. Miß Surrey schien wieder unschlüssig zu werden.

»Nehmen Sie sich in Acht, Mr. Stewart,« erwiederte sie, »ich habe ja nicht gesagt ... Und wenn Eduard einst wiederkommen sollte ...«

»Er wird nicht wiederkommen, verlassen Sie sich darauf.«

»In diesem Falle könnte ich Ihnen gestehen ...«

Sie brach plötzlich ab, um zu lauschen; sie hörte unten im Garten ihren Namen rufen.

»Es ist meine Mutter,« fügte sie in großer Unruhe hinzu; »sie kommt hierher, und sie muß mir etwas sehr Wichtiges zu sagen haben, da sie trotz ihrer Kränklichkeit und Schwäche das Zimmer verlassen hat. Wir wollen ihr rasch entgegengehen, Mr. Stewart; wir können ja das Gespräch ein andermal fortsetzen.«

»Sie sollen mir so nicht entschlüpfen, Anna; Sie wollten mir ein Geständniß machen, das nicht aufgeschoben werden kann. Ich beschwöre Sie, machen Sie diesem peinlichen Schweigen ein Ende!«

»Nun denn, da Sie es verlangen ... die Hindernisse, welche Ihren Absichten entgegentreten könnten, Stewart, werden nicht von Anna Surrey kommen.«

Sie verließ rasch die Pagode, und der Gouverneur, hocherfreut über diese ermuthigende Antwort, folgte ihr mit Ausdrücken des wärmsten Dankes.

Kaum waren sie einige Schritte im Garten fortgegangen, so begegneten ihnen Mistreß Surrey und der Doctor, welche sie suchten.

»Anna,« sagte die Mutter fast athemlos, »komm'

geschwind! Mr. Stewart wird Dich entschuldigen. Der Onkel kommt so eben aus dem Walde. Maria hat ihn in den Pflanzungen gesehen, er scheint ganz erschöpft zu sein. Die Dienstleute sind ihm entgegengegangen, denn er konnte sich kaum fortschleppen."

"Liebe Mutter, es kann ihm kein Unglück begegnet sein, denn er ist ja wieder da. Mit Mr. Stewart's Erlaubniß will ich sogleich Befehle geben, damit es unserm armen Wanderer an nichts fehle."

"Gehen Sie, Miß Anna," sagte der Gouverneur, "ich werde mich ohnedies jetzt an den Hafen begeben müssen, denn der Kanonenschuß, der die Ankunft des Admirals zu melden hat, wird nicht mehr lange auf sich warten lassen. Aber ich werde mir die Freude nicht versagen, zuvor dem lieben Palmer die Hand zu drücken."

Während dieses Gesprächs war man durch den Garten gegangen, und als man den Hof betrat, bemerkte man Richard, der eben aus der Hauptallee kam. Darius und Maria trugen ihm sein Gewehr und sein Gepäck. Aber Mistreß Surrey bemerkte sogleich, daß ein kleiner Hund, der Richard auf seinen gefahrvollen Wanderungen zu begleiten pflegte, nicht bei ihm war.

"Robin ist nicht da!" sagte sie mit Besorgniß; "sollte dem armen kleinen Robin ein Unglück zugestoßen sein?"

"Es ist wahr," fügte Anna hinzu; "es muß sich etwas Außerordentliches zugetragen haben, sonst würde sich mein Oheim von seinem treuen Begleiter gewiß nicht getrennt haben. Mein Gott! was werden wir hören?"

Richard schien alt und abgelebt, obgleich er bei manchen Gelegenheiten Beweise von ungewöhnlicher Kraft gab.

Sein Gesicht war stark gebräunt, runzelig, pergamentartig; sein langer, schlecht gepflegter Bart zeigte, daß ihm sein eigenes Ich gleichgiltig war, und seine tiefliegenden Augen hatten zuweilen einen irren Blick. Seine Kleidung entsprach seiner Persönlichkeit. Der vormals so schön und sauber gekleidete Mann hatte sich in kaum gegerbte, mit Riemen befestigte Häute gehüllt. Diese dauerhafte Kleidung hatte indeß von Dornen und scharfkantigen Pflanzen sehr gelitten, denn sie ließ an einigen Stellen seine harte, trockene, behaarte Haut sehen, die durch Insectenstiche und Dornen nicht mehr verletzt werden konnte.

Richard war gewöhnlich sehr ermüdet, wenn er von seinen Wanderungen zurückkam, aber noch nie war er so erschöpft gewesen, wie jetzt. Er hatte wunde Füße und eine gebückte Haltung; sein fieberhafter Blick ließ errathen, daß sich zu seinen übrigen Leiden auch der Hunger gesellt hatte. Hätten ihm Darius und Maria — welche seit Eduards Verschwinden Mann und Frau geworden waren — nicht sein Gepäck und seine schwere Kugelbüchse abgenommen, er wäre nicht im Stande gewesen weiter zu gehen. Trotz dem ging er rascher, als er seine Schwester und seine Nichte bemerkte, und winkte ihnen zu, als hätte er die Zeit nicht abwarten können, ihnen eine wichtige Neuigkeit zu melden. Endlich als er nahe bei ihnen war, rief er ihnen mit heiserer Stimme zu:

»Schwester und liebe Anna, es ist nicht mehr zu bezweifeln: er lebt, ich habe ihn gesehen!«

Er stand still und lehnte sich an den Thürpfosten, denn seine Kraft war erschöpft und er ward vom Schwindel befallen.

„Richard," fragte Mistreß Surrey, „was meinst Du? Wen hast Du gesehen?"

„Lieber Onkel," sagte Anna, „was ist denn geschehen?"

Er versuchte zu antworten, aber die Stimme erstarb ihm in der Kehle, sein Kopf schwindelte, er vermochte sich nicht mehr auf den Füßen zu halten. Endlich stammelte er den Namen Eduard. Dann fiel er bewußtlos zu Boden.

„Großer Gott!" sagte Mistreß Surrey, „er ist in demselben Zustande wie an dem Tage, wo er zum ersten Male aus dem Walde zurückkam. Sein Leben war lange in Gefahr, und es ist zu fürchten, daß er heute…"

„Nein, nein, beruhigen Sie sich," unterbrach der Doctor, der schnell den Puls des Kranken untersucht hatte; „diese Krise ist nur eine Folge übermäßiger Anstrengung und des Mangels an kräftiger Nahrung; vielleicht ist auch eine heftige Gemüthsbewegung dazugekommen. Er bedarf vor Allem der Ruhe und nahrhafter Speise."

Man brachte den Colonisten in sein Zimmer, und Van Stetten folgte ihm, um eine zweckmäßige Behandlung anzuordnen. Während alle Anwesenden um Richard beschäftigt waren, sagte Anna leise und mit zitternder Stimme zu dem Gouverneur:

„Stewart… Stewart, ich sagte es ja: er lebt, er wird wieder kommen, mein Oheim hat ihn gesehen…. Jetzt haben Sie nichts mehr zu hoffen. Leben Sie wohl!"

„Anna, ich bitte Sie, hören Sie mich an. Es ist ja noch nicht gewiß…"

„Er wird wieder kommen, sage ich Ihnen. Er wird mich beim Wort nehmen; ich gehöre ihm an… vergessen Sie mich."

Sie lief davon.

Stewart wollte ihr nacheilen, aber es fielen einige Kanonenschüsse. Es waren die Signalschüsse, welche die Ankunft des Admirals auf der Rhede von Neu-Drontheim meldeten, und die militärische Etikette machte es Stewart zur Pflicht, sich schleunigst nach Hause zu begeben und seinen Vorgesetzten zu begrüßen. Die Erklärung, welche er mit Miß Surrey zu haben wünschte, mußte daher aufgeschoben werden.

„Nun, wenn der Andere auch wiederkommt," sagte er; „ich weiß jetzt, daß sie mich liebt, und es ist noch nichts verloren."

Er stieg wieder in seinen Palankin und ließ sich an den Hafen tragen, wohin ihn seine Dienstpflicht rief.

IX.

Der Vater.

Wir werden jetzt einige ergänzende Bemerkungen über Richard Palmer nachholen und ausführlich erzählen, was er auf seiner letzten Wanderung erlebte.

Als Richard nach einer langen, schmerzhaften Krankheit und unter Van Stetten's zweckmäßiger Behandlung wieder genesen war, hatte er anfangs alle Lebenslust verloren. Aber ein Gedanke, der nach und nach eine fixe Idee wurde, nahm seine ganze Geistesthätigkeit in Anspruch: nach den Geschichten, die man von der Lebensweise und dem Instinct der Waldmenschen erzählte, konnte man hoffen, daß sein Sohn noch am Leben sei; es mußte daher Alles aufgeboten werden, ihn wiederzufinden, ihn zu befreien, oder wenigstens zu rächen.

Durch langes Grübeln über einen und denselben Gegenstand kam Richard zu dem Schluß, er müsse ohne Zögern diese Befreiung oder diese Rache in's Werk setzen, und als er diesen Vorsatz gefaßt hatte, machte seine Genesung rasche Fortschritte. Er hatte nun einen Lebenszweck; und während er den Regungen seines Vatergefühls folgte, glaubte er der Stimme seiner Elisabeth zu gehorchen, die ihm aus dem Jenseits den Befehl zurief, das verlorne Kind aufzusuchen, zu retten. Er überließ daher seiner Schwester und seiner Nichte die Geschäfte des Hauses und sann sofort auf Mittel, seinen Plan auszuführen.

Fremde Hilfe mochte er nicht in Anspruch nehmen; überdies waren die Malayen, der einzige einheimische Volksstamm, der die zu erfolgreichem Beistande nothwendige Kraft und Ausdauer besaß, heimtückische, störrische Menschen. Er wollte also nur auf sich selbst zählen. Um aber einem so gefahrvollen Unternehmen gewachsen zu sein, mußte er auf seine europäischen Gewohnheiten verzichten, sich abhärten, an Strapazen und Entbehrungen gewöhnen, den Gefahren des Wanderlebens in der Waldeswüste aussetzen; kurz, er mußte ein Wilder werden. In seiner damaligen Stimmung hielt er die Schwierigkeiten nicht für unüberwindlich, und er ging, sobald er wieder völlig gesund war, entschlossen an's Werk.

Seine erste Sorge war, sich im Schießen zu üben und zumal jenen scharfen, sichern Blick zu erlangen, der dem Jäger in jenen Wildnissen unentbehrlich ist. Er brachte es bald zu einer außerordentlichen Geschicklichkeit und Sicherheit. Er hatte sich mit großen Kosten eine vortreffliche Büchse von starkem Kaliber verschafft. Diese Waffe hatte in seinen Händen eine furchtbare Gewalt; die größten Thiere, wie der Elephant und das Rhinoceros, die in den Wildnissen von Sumatra ziemlich häufig sind, waren von ihm erlegt worden. Ebenso hatte er den Kriß geschickt zu handhaben gelernt, und im Kampfe mit den Ungethümen des Urwaldes stieß er die furchtbare Klinge immer genau an die Stelle, wo die Wunde tödtlich sein mußte.

Das war viel, aber noch nicht Alles; nach seinem Programm mußte er seinen Körper unempfindlich gegen die Einwirkungen dieses ungesunden Klimas machen, die Bequemlichkeiten der Civilisation entbehren lernen, sich an ein hartes Lager gewöhnen: er mußte Auge und Ohr schärfen, dies konnte nur durch lange, anhaltende Uebung geschehen. So hatte er in den letzten fünf Jahren fast unaufhörlich im Urwalde gelebt und absichtlich die größten Schwierigkeiten und Gefahren aufgesucht, um sie zu bekämpfen und zu überwinden. Das Wild, welches er erlegte, hatte ihm die Mahlzeiten geliefert, und wo ihn die Nacht überraschte, hatte er sich gelagert.

In Folge dieser beharrlichen Uebungen war Richard allmälig so geworden, wie er es gewünscht hatte. Seine Gesundheit war befestigt; sein Körper war ungemein kräftig und gewandt, obschon viel magerer geworden; er konnte lange hungern und dursten und die größten Strapazen ertragen. Er hörte in beträchtlicher Entfernung ein Rauschen von Fußtritten auf dem trockenen Laube; sein

scharfes Auge entdeckte mitten im Dickicht ein lauerndes wildes Thier, und beim Verfolgen einer Fährte hatte er den wunderbaren Instinct der nordamerikanischen Roth=
häute. Aber je schärfer seine Sinne wurden, desto mehr mied er die Menschen. Er schien eine Art Scheu vor Sei=
nesgleichen zu haben, und während seines seltenen und meist kurzen Aufenthaltes in der Colonie sahen Mistreß Surrey und Anna mit Schrecken seine Schweigsamkeit und Ungeselligkeit immer zunehmen.

Richard hatte auf seinen langen Wanderungen durch die Urwälder von Sumatra einige höchst gefährliche Aben=
teuer bestanden. Einmal ward er von einem Bären ange=
griffen, und er hatte keine andere Waffe, als das kleine Beil, mit welchem er sich Bahn durch die Gesträuche und Schlingpflanzen zu hauen pflegte. Ein andermal ward er plötzlich von einer ungeheuren Boa umschlungen; aber wäh=
rend ihn die riesige Schlange fortschleppte, um ihn an einem Baum zu zerdrücken, zog er mit wunderbarer Besonnenheit seinen Kriß, zerschnitt den ihn umschlingenden kalten, feuchten Ring und schoß dann die Boa vollends todt. Man=
chen Büffel, der wüthend auf ihn losgestürzt war, hatte er vor den Kopf geschossen, und manchen an ihn heran=
schleichenden Tiger hatte seine sichertreffende Kugel ereilt. Aber am wenigsten Gelegenheit hatte er mit Waldmenschen zusammen zu treffen. Diese gefährlichsten unter allen Be=
wohnern des Urwaldes sind ziemlich selten; Richard hatte in dieser langen Zeit nur einige derselben bemerken können, und immer in so großer Entfernung, daß er keinen Versuch ma=
chen konnte, die Entführung seines Sohnes an ihnen zu rächen. In den letzten Jahren waren die Orangs völlig

verschwunden; die beständige Ausbreitung der Colonie und die Nähe der Menschen schien diese wilden, scheuen Geschöpfe zum Rückzuge in die Wildniß bewogen zu haben. Der rastlose Jäger gab indeß nicht die Hoffnung auf, früher oder später seinen Zorn an ihnen auslassen zu können; er war jederzeit wachsam und zählte auf die Vorsehung, daß ihm die ersehnte Gelegenheit geboten werde. Von seinem Sohne hatte er, ungeachtet seiner eifrigen Nachforschungen, keine Spur gefunden, und wenn Eduard noch lebte, so hatten ihn die Waldmenschen aller Wahrscheinlichkeit nach in eine entfernte Gegend gebracht, bis zu welcher der unglückliche Vater noch nicht vorgedrungen war.

Richards Begleiter auf diesen gefährlichen Wanderungen war ein Hund, Robin genannt, den Mistreß Surrey so schmerzlich vermißt hatte. Dieser Robin, den der Jäger mit großer Sorgfalt abgerichtet hatte, war keine große starke Dogge, welche, wie Boa's Hund, seinen Herrn hätte vertheidigen können, sondern ein kleines Thier, ähnlich den Bologneser Hündchen, an denen manche alte Jungfern ihre Freude finden; dagegen hatte er einen äußerst feinen Geruchssinn und war ungemein wachsam. Am Tage ging Robin seinem Herrn um zwanzig Schritte voraus, durchsuchte die Gebüsche, nahm die Fährten auf und beobachtete Alles, was ihm verdächtig schien. Wenn sich eine Gefahr zeigte, so zog sich das Hündchen leise bellend zurück, und Richard erkannte an den Bewegungen seines Begleiters, was für ein Thier in der Nähe war.

Abends errichtete sich Richard zuweilen eine Hütte von Zweigen; oft auch schlief er in einer Felsenhöhle oder in einem hohlen Baume. Robin hatte immer seinen Platz zu den Füßen des Jägers. Obgleich scheinbar schlafend, hob er bei dem mindesten Geräusch den Kopf und gab sein gewohntes Alarmzeichen; Richard war dann schnell auf den Füßen und schußfertig. So konnten Jäger und Hund nie überfallen werden, ein unberechenbarer Vortheil in dieser Einöde, wo die Gefahr immer unerwartet kommt.

So umgewandelt war der Colonist, der mit staunenswerther Beharrlichkeit sein verlornes Kind aufsuchte, und so wußte er sich gegen die tausendfachen Gefahren seines Wanderlebens zu schützen. Er verhehlte sich indeß nicht, daß er trotz aller Klugheit und Vorsicht früher oder später ein Opfer seiner Tollkühnheit werden müsse; aber er ließ sich dadurch nicht abschrecken; er hatte ja längst sein Leben nicht mehr als ein Gut betrachtet, und wenn ihm je zuweilen der Gedanke kam, daß er einst die Beute der wilden Thiere werden müsse, sagte er mit düsterer Ergebung: „Es sei! meine Leiden sind dann zu Ende."

Die Wanderung, von welcher der Colonist in einem so traurigen Zustande zurückkam, war länger und zumal erfolgreicher gewesen, als die andern. Richard war sechs Tage vorher mit seinen Waffen, einem kleinen Beil und einigen Lebensmitteln fortgegangen. Dieses Mal beschloß er einen noch nicht betretenen Theil des Urwaldes zu durchsuchen.

Der große Morast, den er auf seiner ersten Wanderung mit Boa und Elephantentödter gefunden, bildete nach dieser Seite hin ein Hinderniß. Seitdem hatte Palmer den Theil des Waldes, der sich zwischen diesem Morast und der Colonie ausbreitete, genau durchsucht; aber vor den stinkenden, von Krokodilen und Schlangen wimmelnden Sümpfen hatte er immer umkehren müssen. Richard hatte indeß einen hohen Baum erstiegen und von da eine schmale, sich durch die unabsehbaren Sümpfe erstreckende Felsenkette bemerkt; dort wollte er den Uebergang versuchen.

Er mußte zwei Tage gehen, um diesen Ort zu erreichen. Er richtete sich nach gewissen oft gesehenen Merkmalen, und überdies trug er beständig einen kleinen Compaß bei sich, der ihm nebst einer selbstentworfenen Karte zur Orientirung diente. So fand er leicht die gesuchte Stelle. Er hatte sich nicht geirrt: die Basaltfelsen, die er von Weitem bemerkt hatte, erstreckten sich in einer unregelmäßigen aber ununterbrochenen Kette durch den Morast. Es war eine von der Natur erbaute Straße, auf welcher man diese gefährlichen Sümpfe überschreiten konnte. Richard ging also auf derselben fort, ohne sich um einige sich sonnende Krokodile zu kümmern, und bald kam er in einen ihm noch unbekannten Theil des Waldes.

Zum ersten Male nach langer Zeit erwachte wieder ein freudiges Gefühl in seinem Herzen. Vielleicht war sein Sohn in diesem Waldbezirk verborgen; vielleicht sollte es ihm endlich gelingen, die Waldmenschen aufzufinden und den Knabenräuber zu züchtigen. Aber trotz seiner Ungeduld sah er die Nothwendigkeit ein, sich genau zu orientiren, ehe er in dieser unbekannten Waldgegend weiter vordrang. Er merkte sich zwei hohe Bergspitzen in der Mitte der Insel, machte auf seiner Karte einige wichtige Bemerkungen, und nun erst wagte er sich in diese Einöde, welche vielleicht noch nie ein menschliches Wesen betreten hatte.

Dieser Theil des Landes war von jenem jenseits der

Sümpfe ganz verschieden, und Richard bemerkte zu seiner Freude, daß sich hier Alles vereinigte, was die Orangs anlocken kann. Er wußte, daß diese Vierhänder sehr weichlich sind und daß sie auf Sumatra, wo die Temperatur, zumal in der Nähe der Berge, sehr rasch wechselt, in niedrigen, von dem Winde geschützten Gegenden zu hausen pflegen. Dieser Theil des Urwaldes schien den Anforderungen der Orangs ganz zu entsprechen. Es war ein weites Thal oder vielmehr eine Bodensenkung von unabsehbarer Länge. Die riesigen Bäume standen nicht dicht an einander, sondern waren gruppenweise malerisch vertheilt. Der Boden war frisch, aber nicht sumpfig, und mit hohem wogenden Grase bedeckt. Die Landschaft hatte den großartigen Charakter einer amerikanischen Prairie.

Richard ging entschlossen weiter. Bald verschwand das prächtige Landschaftsbild seinen Blicken und er bemerkte nur noch die Gipfel der nächsten Bäume. Robin war, wie gewöhnlich, einige Schritte voraus, auf jedes Geräusch lauschend, jede Fährte aufnehmend. Der Colonist bemerkte bald, daß diese Wildniß stark bevölkert war. Jeden Augenblick flogen Schaaren prächtiger Vögel, weiße Löffelgänse, rosenrothe Flamingos, Reiher mit wehenden Federbüschen vor ihm auf, und breite Furchen im Grase verriethen das häufige Wandern großer Vierfüßler; aber mit Ausnahme eines ruhig wiederkäuenden Büffels, der sich in seiner Behaglichkeit nicht stören ließ, sah er nichts, was der Beachtung werth gewesen wäre.

Der Colonist fand auch häufig Pfützen, die in der letzten Regenzeit entstanden waren und ihn nöthigten, lange Umwege zu machen. Ungeachtet dieser Hindernisse und der

Vorsicht, die er nicht außer Acht laßen durfte, kam er rasch vorwärts und war gegen Sonnenuntergang schon ziemlich weit in dem Thale vorgedrungen. Ohne sich allzugroßen Gefahren auszusetzen, konnte er nicht unter freiem Himmel übernachten, und es war Zeit, sich nach einem Obdach umzusehen. Zum Unglück sah er weder Felsen noch hohle Bäume, die ihm ein sicheres Nachtlager hätten bieten können; er befand sich mitten in der Prairie, und es wäre höchst unbesonnen gewesen, an der Stelle, wo er sich befand, den andern Tag zu erwarten.

Richard suchte daher einen günstigen Platz. Er wünschte vor Allem fließendes Wasser aufzufinden, denn er hatte aus den Pfützen, die er unterwegs angetroffen, nicht trinken mögen, und es dürstete ihn wie sein Hündchen. Seine Hoffnung ging bald in Erfüllung, er fand einen klaren Bach, an welchem sich Herr und Hund behaglich satt trinken konnten.

Uebrigens war dieser Platz auch zum Uebernachten ganz geeignet. Außer dem in dieser Einöde so unentbehrlichen Trinkwasser fanden sich hier Cocospalmen, Feigen- und Bananenbäume mit reifen Früchten. Ueberdies fand Richard zwischen den colossalen Wurzeln eines Banyan eine Vertiefung, in welcher er sammt Robin ganz bequem rasten konnte. Nachdem er sich überzeugt hatte, daß diese Höhlung nicht schon von wilden Thieren besetzt war, sammelte er Moos und trockenes Laub, um sein Lager zu bereiten.

Während Richard diese Vorkehrungen traf, wurde seine Aufmerksamkeit durch das leise Winseln Robin's erregt. Das war sein gewöhnliches Alarmzeichen, denn Robin bellte nie. Der Jäger machte schnell seine Büchse schußfertig und spähte nach der Ursache dieser Warnung. Bald that sich das hohe Gras zwanzig Schritte von ihm auseinander und ein Hirsch, von der in Sumatra einheimischen kleinen Gattung, kam zum Vorschein. Der Hirsch ging ruhig auf den Bach zu; er hatte den Colonisten entweder nicht gesehen, oder er wußte noch nicht, daß er menschliche Geschöpfe zu fürchten habe. Es war eine leichte Beute, und Richard dachte, ein gebratener Hirschrücken würde für ihn und seinen Begleiter nach dem ermüdenden Marsch ein köstliches Abendessen sein. Er schlug daher sein Gewehr an; aber als er eben losdrücken und die tiefe Stille der Einöde durch einen Schuß stören wollte, gab Robin wieder sein Alarmzeichen, aber diesesmal lauter ängstlicher als vorhin. Der Jäger dachte nun nicht mehr an den armen Hirsch, der seinen Durst löschte und sich entfernte, ohne die Gefahr zu ahnen, in der er so eben geschwebt hatte.

Inzwischen sah sich Richard vergebens nach allen Seiten um; er hörte kein Geräusch, und nichts kam zum Vorschein. Endlich wandte er sich, des Wartens überdrüssig, zu Robin, um ihm seinen Irrthum vorzuwerfen, und nun bemerkte er, daß der Hund nicht auf den Erdboden, sondern auf einen dreißig bis vierzig Schritte entfernten Baum schaute. Der Colonist richtete seine Aufmerksamkeit ebenfalls auf diesen Punkt und entdeckte endlich ein großes Geschöpf, das sich in den dichtbelaubten Zweigen bewegte. Es war ein Orang.

Im ersten Augenblicke wollte Richard auf dieses Exemplar einer verwünschten und gehaßten Affenart schießen; aber er besann sich. Der Orang hatte ihn nicht gesehen, und schien nicht unruhig. Wahrscheinlich hatte er sein Lager in der Nähe, und statt ihn sogleich in blindem Racheeifer todtzuschießen, war es vielleicht besser, ihn zu beobachten und ihm nachzuschleichen; Richard konnte ja dem Waldmenschen immer noch eine Kugel zuschicken.

Der Colonist setzte also noch einmal sein Gewehr ab, trat hinter ein Bambusgebüsch und beobachtete den Orang.

Dieser war noch immer ganz ruhig und sorglos; wahrscheinlich ahnte er keinen Feind in diesem Theile des Waldes, wo er bis dahin unbeschränkter Gebieter gewesen war. Er sprang nicht von Baum zu Baum wie der Orang, welcher den Knaben geraubt hatte, sondern bewegte sich langsam und träge. Er schwang sich ziemlich plump von einem Baum zum andern, nicht ohne die Stärke des Astes, der ihn tragen sollte, mit kluger Vorsicht geprüft zu haben. Eine besondere Ursache hemmte auch noch seine Bewegungen; seine Hände waren mit Feigen und Bananen beladen, die er auf den benachbarten Bäumen gepflückt und für sich selbst oder für den Familienbedarf zurückbehalten hatte. Man durfte sich indeß auf diese scheinbare Trägheit nicht verlassen. Palmer wußte, daß der Waldmensch bei der mindesten Gefahr seine Beute wegwerfen und mit Gedankenschnelle verschwinden würde.

So lange der Orang in einiger Entfernung war, ergriff Palmer seinen Hund, setzte ihn in die Höhle, wo er selbst übernachten wollte, und befahl ihm ruhig zu bleiben. Das war genug; das längst dazu abgerichtete kleine Thier legte sich nieder und würde ohne Erlaubniß seines Herrn bis zum andern Morgen nicht von der Stelle gegangen sein.

Richard, von dieser Seite beruhigt, kroch nun durch das hohe Gras; er fand den Orang, der gemächlich seinen

Weg von Baum zu Baum fortsetzte, bald wieder. Der
Colonist war äußerst vorsichtig, um nicht bemerkt zu werden: aber einige rasch auffliegende Vögelschaaren konnten
ihn verrathen. Einmal warf er sich platt nieder, weil er
entdeckt zu sein glaubte. Der Waldmensch hatte nämlich
auf einem dicken Aste Halt gemacht und ein dumpfes Knurren hören lassen. Ob er sich fürchtete, oder ob er Anderen
seines Geschlechts ein Zeichen geben wollte? Zu Palmer's
unaussprechlicher Freude wurde dieses Knurren mehrmals
wie durch ein Echo wiederholt. Sein sehnlichster Wunsch
sollte nun in Erfüllung gehen: er befand sich ohne Zweifel
in unmittelbarer Nähe einer seit fünf Jahren vergebens
gesuchten Colonie von Waldmenschen.

X.

Die Orangs zu Hause.

Nach einer kleinen Weile kam Richard an eine lichte
Stelle, die durch hohe Bäume gegen den Wind geschützt
war. Der schon erwähnte Bach floß hier vorüber. In
diesem Gehäge war das Gras niedergetreten; an dem
hohen Ufer des Baches bemerkte der Jäger einen gebahnten, feuchten Pfad, der ohne Zweifel von durstigen Geschöpfen regelmäßig betreten wurde. Am meisten aber
wurde seine Aufmerksamkeit durch drei Hütten gefesselt,
welche den auf seiner ersten Wanderung entdeckten ähnlich
waren. Zwei dieser Hütten waren auf den Hauptästen

eines alten Ebenholzbaumes erbaut; die dritte lehnte sich an einen Bombaxstamm. Die letztere, weit größer und sorgfältiger gebaut als die andern, war mit noch frischen Palmblättern gedeckt, und sie sah stattlicher aus als die elenden Erdhütten mancher Volksstämme des südlichen Oceans.

Kein Orang zeigte sich in der Nähe dieser seltsamen Wohnungen, und Richard konnte zweifeln, ob sie bewohnt waren. Aber seine Ungewißheit dauerte nicht lange. Der Orang, der sein Führer gewesen war, fing wieder an zu knurren, als er auf den freien Platz kam. Sogleich regte es sich in der einen Hütte auf dem Ebenholzbaume, und zwei häßliche Köpfe, der eine dick, mit weit vorstehendem bestialischen Gesicht, der andere kleiner und einem Menschenantlitz ähnlicher, zeigten sich am Eingange. Auf einen neuen Ruf kamen die beiden Waldmenschen aus ihrer Hütte und gingen dem ersten entgegen. Es war offenbar Mutter und Kind, aller Wahrscheinlichkeit nach das Weibchen und das Junge dessen, der Futter geholt hatte. Die drei schienen auf dem vertrautesten Fuß mit einander zu stehen, das Knurren fing wieder an, man setzte sich auf einen dicken Ast und verzehrte im trauten Familienkreise die von dem Papa mitgebrachten Früchte.

Richard konnte daher diese seltsamen Geschöpfe mit Muße betrachten. Die beiden Alten waren etwa sechs Fuß hoch; ihr ganzer Körper, mit Ausnahme des Gesichts, der Hände und Fußsohlen, war mit braunen, weichen, seidenartigen Haaren bedeckt. Der obere Theil des Kopfes war stärker behaart, auch der Schnurbart fehlte nicht über dem großen Munde mit den schmalen, dünnen Lippen. Das von dichten Brauen beschattete Auge hatte viel Leben und Ausdruck. In ihren Bewegungen war etwas Gesetztes, Besonnenes, was bei keiner andern Affengattung zu finden. Der kleine Orang sah recht klug und anstellig aus. Die nach Europa gebrachten jungen Waldmenschen zeigten bekanntlich eine außerordentliche Gelehrigkeit in der Nachahmung mancher menschlicher Gewohnheiten, und ein Naturforscher erzählte erstaunliche Dinge von einem jungen weiblichen Orang, welcher der Kaiserin Josephine zum Geschenk gemacht und von Napoleon I. „Mademoiselle Desbois" genannt wurde.

Aber Richard war nicht in der Stimmung, naturhistorische Studien über diese merkwürdigen Thiere zu machen. Hätte er nicht gefürchtet, den Erfolg der Entdeckung durch Uebereilung in Frage zu stellen, er würde das gemüthliche Familienmahl gestört und dem Hausvater eine Kugel durch den Kopf gejagt haben. Aber er vermochte sich noch zu mäßigen und seine Selbstbeherrschung sollte bald belohnt werden.

Der kleine Orang, der mit einer schönen Cacosnuß spielte, ließ einige eigenthümliche Töne hören und neigte sich zu der am Fuße des Baumes stehenden Hütte. Eine Stimme antwortete aus dem Innern dieser Hütte; dann erschien ein seltsames Geschöpf, dessen Körperformen, ganz verschieden von denen der Waldmenschen, wohl geeignet waren, einen tiefen Eindruck auf den Beobachter zu machen.

Es war in der That kein Orang; es war ein junger Mensch, der die Größe und Kraft eines ausgewachsenen Mannes hatte. Das lange, ungepflegte Haar hing bis auf die Hüften herab, und sein Körper, obgleich von der Sonne gebräunt und durch die Berührung mit der Luft rindenartig gehärtet, zeigte unverkennbare Merkmale der weißen Menschenrace. Seine Nägel waren lang und scharf, seine Bewegungen kühn und gewandt; aber sein Blick hatte einen sanften, etwas traurigen und scheuen Ausdruck, der Mitleid erregte.

Es wäre unmöglich, die Gefühle Richards zu beschreiben. Dieses beklagenswerthe, verwilderte Wesen war sein Sohn, sein Eduard. Es war allerdings ein großer Unterschied zwischen dem zarten, blühenden Knaben, den er verloren hatte, und diesem kräftigen, gebräunten, in der Wildniß herangewachsenen jungen Menschen. Aber ein Irrthum war nicht möglich; das Vaterherz pochte, die Stimme des Blutes sprach laut und deutlich. Alles Uebrige vergessend, wollte er sich aufrichten aus dem hohen Grase und seinen Eduard rufen; aber die Stimme erstarb ihm in der Kehle, der Arm, auf den er sich stützte, knickte unter dem Gewicht seines Körpers zusammen, und er sank nieder, unfähig zu sehen, zu hören, sich zu bewegen.

Diese Anwandlung von Schwäche war ein Glück, denn sie gab ihm Zeit zu ruhigem Nachdenken. Richard sah, als er sich wieder erholt hatte, die Nothwendigkeit ein, mit der größten Vorsicht zu handeln, wenn er den endlich wiedergefundenen Sohn in das civilisirte Leben zurückführen wollte. Es war nicht gewiß, ob er den zuerst bemerkten Orang, den er für Eduards Entführer hielt, auf den ersten Schuß erlegen würde. Und hätte er auch den Familienvater todtgeschossen, so würde er doch nicht im Stande gewesen sein, einen wüthenden Angriff des Weibchens und des schon sehr starken jungen Orangs abzuwehren. Es konnten auch noch andere Waldmenschen in der Nähe sein und auf das erste Lärmzeichen herbeieilen. Dann war Richard verloren trotz seiner Waffen und seines Muthes. Ueberdies war es möglich, daß der unglückliche Eduard in seinem verthierten Zustande die Flucht nehmen, oder sich wohl gar gegen seinen Vater zur Wehre setzen würde. Es war daher besser, sich ruhig zu verhalten und eine günstige Gelegenheit abzuwarten.

Während sich der Jäger so zur Unthätigkeit verurtheilt sah, ging der Bewohner der Hütte auf den Ebenholzbaum zu, auf welchem die Orangfamilie saß. Der kleine Orang freute sich ungemein, als er ihn sah; er verdoppelte sein eigenthümliches Geschrei und zeigte dem Herankommenden die schönen Früchte, die er in der Hand hielt, als ob er ihn einladen wollte, heraufzukommen und mit ihm zu theilen. Da Eduard — wir wollen ihn von jetzt an so nennen — der Einladung nicht sogleich Folge leistete, stieg der kleine Orang selbst vom Baume, lief auf zwei Füßen etwas täppisch auf Eduard zu, fiel ihm um den Hals und küßte ihn zärtlich auf Wangen und Brust.

Eduard erwiederte die Liebkosungen halb abwehrend und machte sich los. Der junge Orang aber damit nicht zufrieden, fing laut an zu schreien und warf seine Früchte weg. Und da diese Demonstrationen nicht die erwartete Wirkung hatten, stampfte er ungeduldig mit den Füßen, warf sich zu Boden und vergoß Thränen, die er, wie die Kinder, mit geballten Händen abwischte. *)

---

*) Wir wollen uns in einem Buche dieser Art nicht auf viele naturhisto-

Diese Aeußerung des Zornes und Schmerzes machte auf Eduard nur wenig Eindruck. Er ging an den Bach, bückte sich und trank aus der hohlen Hand; dann schien er auf den nahen Bäumen seine Abendmahlzeit zu suchen. Seine Wahl fiel auf einen großen, mit Früchten beladenen Feigenbaum; er umfaßte den Stamm und kletterte mit einer Leichtigkeit, die von den Waldmenschen selbst nur wenig übertroffen wurde, zu den höchsten Zweigen hinauf. Dort wählte er einen Platz aus, wo er die schönsten reifen Feigen erreichen konnte und fing an zu essen.

Inzwischen schien sich die Mutter das Jammern ihres Kleinen zu Herzen zu nehmen; sie suchte ihn durch Knurren und Geberden zu beschwichtigen. Da es ihr nicht gelang, stieg sie vom Baum, schloß den kleinen Orang in ihre Arme und überhäufte ihn mit Liebkosungen; aber es half nichts. Da der kleine Orang unaufhörlich weinte und schrie, so sah sie sich genöthigt, ihm mit ihrer breiten Hand eine kleine Züchtigung angedeihen zu lassen.

Der Familienvater hatte sich nach beendeter Mahlzeit behaglich auf einem dicken Ast ausgestreckt. Aber er verlor Eduard, dessen Entfernung sein Mißtrauen zu erregen schien, nicht aus den Augen. Endlich mochte er wohl

---

rische Werke beziehen; wir müssen nur ein für allemal erklären, daß wir uns in der Schilderung der Instincte und der Lebensweise der Waldmenschen streng an die historische Wahrheit gehalten haben. Man sehe unter den Naturforschern die Werke von Bory Saint-Vincent, Boitard, Lesson, Cuvier u. a., und unter den neuern Reisenden die treffliche Monographie über den Orang-Utang von Rienzi, im „Univers histoire et description des peuples," Abschnitt l'Océanie. Anm. d. Verf.

finden, daß sein Schützling sich zu weit entferne oder zu lange ausbleibe, denn er erhob sich und sprang von Baum zu Baum, um den armen Eduard zu holen. Dieser sah ihn kommen; wahrscheinlich aus Furcht vor Mißhandlungen steckte er eilends noch einige Feigen in den Mund und ließ sich dann vom Baum herabgleiten. Dann ging er verstimmt auf die Hütten zu, während der Orang, allem Anschein nach mit seiner Folgsamkeit zufrieden, den Rückweg wieder durch die Lüfte nahm.

Richard sah mit blutendem Herzen, daß sein einziger Sohn, auf den er so schöne Hoffnungen gesetzt hatte, daß das Kind seiner theuren Elisabeth der Sclave dieser abscheulichen Affen geworden war. Es war nicht mehr zu bezweifeln, daß Eduard mit Gewalt festgehalten wurde, daß die Waldmenschen beständig ein wachsames Auge auf ihn hatten, um sein Entkommen zu hindern. Die Freiheit würde ihm übrigens in dieser Wildniß nichts genützt haben, und dieser Umstand verdiente die größte Aufmerksamkeit.

Es schien nun zwischen Eduard und der Vierhänderfamilie das beste Einverständniß zu herrschen. Sobald der arme Gefangene sich näherte, schloß ihn der kleine Orang wieder in seine Arme und küßte ihn. Eine schöne Feige, die ihm Eduard gab, stellte das freundschaftliche Verhältniß vollends wieder her, und sie spielten eine Weile mit einander im Grase. Der Vater hatte seine behagliche Lage auf dem Ebenholzbaum wieder eingenommen. Die Mutter saß unter dem Baume und sah dem Spiel zu; vielleicht betrachtete sie die Zärtlichkeit ihres Söhnleins für den Gefangenen mit einiger Eifersucht, aber sie gab dieselbe nur durch einige gurgelnde, keineswegs drohende Töne zu erkennen.

Der Colonist beobachtete alles dies mit ebenso viel Erstaunen als Schmerz. Eduard, obschon an Gestalt und Kraft ein Mann geworden, schien noch weniger Verstand zu haben, als in seinen Kinderjahren. Aber er mußte seine Beobachtungen unterbrechen; die Sonne war untergegangen, die Nacht brach ein und der Himmel hatte sich plötzlich bewölkt. Bald wiederholte der männliche Orang seine knurrenden, gurgelnden Töne und schlüpfte in die eine Hütte auf dem Ebenholzbaume; die Mutter kroch mit dem kleinen in die andere; Eduard begab sich ebenfalls in seine Hütte; es herrschte wieder tiefe Stille auf der Prairie.

Richard wußte nicht was er thun sollte; aber er hatte den sehnlichen Wunsch, etwas zu versuchen, um sich sogleich mit seinem Sohne in Verbindung zu setzen. Als er ein Mittel zu erfinnen suchte, stieg ein entsetzlicher Zweifel in ihm auf; Eduard hatte während der vorigen Scenen kein Wort gesprochen: war es nicht möglich, daß er die menschliche Sprache gänzlich verlernt, daß er unfähig geworden zu verstehen und zu antworten, wenn man ihn anreden würde? Und welche Vorsicht war nothwendig in der Annäherung an den Unglücklichen, dessen Verstand durch Einsamkeit, Schweigen und beständigen Umgang mit Thieren verkümmert war! Trotzdem beschloß der arme Vater sogleich einen Versuch zu machen.

Nachdem er den Waldmenschen Zeit gelassen einzuschlafen, schlich er in der Dunkelheit zu Eduards Hütte, kauerte sich hinter der Rückwand nieder und sagte in englischer Sprache, die dem Knaben einst am geläufigsten gewesen war, und mit sanftem Ausdruck:

„Eduard, lieber Eduard, denkst Du noch an deinen Vater?"

Es entstand in der Hütte eine rasche Bewegung, als ob sich Jemand aufrichtete; zugleich hörte Richard einen schweren tiefen Athem, der eine außerordentliche Aufregung verrieth. Vielleicht glaubte der Bewohner der Hütte zu träumen, als Richard nach einer kurzen Pause in demselben Tone fortfuhr:

„Eduard! Eduard! hast Du denn deinen Vater, der Dich so lieb hatte, und deine Mutter Elisabeth und deine Cousine Anna vergessen?"

Kaum hatte er diese Worte gesprochen, so erschrak er selbst über die Wirkung derselben. Die menschliche Stimme, die Eduard so lange nicht gehört hatte, schien ihm einen Schrecken einzujagen, vielleicht verstand er den Sinn dieser Worte. Er stürzte schreiend aus der Hütte und lief hin und her. Er schwenkte eine Keule, als ob er ein Gespenst hätte treffen wollen. Sein lautes, wildes Geschrei hatte keine Aehnlichkeit mehr mit der menschlichen Stimme. Endlich warf er seine Keule weg, umfaßte einen Baumstamm, kletterte rasch hinauf und verschwand in den Zweigen.

Richard war ganz bestürzt über den Erfolg seines Versuches. Anfangs fürchtete er, die unruhig werdenden Waldmenschen würden herabkommen und nach der Ursache des Geschreies forschen; zum Glück beruhigten sie sich bald, und es herrschte wieder tiefe Stille in diesem Theile des Waldes. Der Jäger wartete indeß noch lange, ohne Eduard zurückkommen zu sehen; vielleicht war der unglückliche Knabe durch die ungewohnte Menschenstimme scheu gemacht worden.

Der Colonist kehrte entmuthigt zu der Stelle zurück, wo er übernachten wollte. Robin lag ruhig in der Höhle. Der kleine Hund war ganz ausgehungert und sein Herr fütterte ihn. Richard selbst aß nichts trotz der großen Strapazen, die er gehabt hatte. Er mochte auch kein Feuer machen, wie er sonst zu thun pflegte, um die wilden Thiere zu verscheuchen, denn der helle Schein würde die Waldmenschen und vielleicht auch den Gefangenen beunruhigt haben. Er hatte auch keine Lust zu schlafen, er wollte die ganze Nacht wach bleiben. Er setzte sich also in der Höhle nieder, legte sein Gewehr auf die Knie und sann über die Schwierigkeiten der Lage nach.

Es war in der That nicht genug, Eduard wiedergefunden zu haben; er mußte ihn vor Allem aus der Gewalt der furchtbaren Waldmenschen bringen, und Richard wußte, wie gefährlich ein solches Unternehmen war. Um diesen Zweck zu erreichen, wäre es nothwendig gewesen, sich mit Eduard zu verständigen; aber wie war dies möglich, da schon der Ton einer Menschenstimme einen so gewaltigen Eindruck auf den jungen Wilden machte? Richard wollte sich nicht der Gefahr aussetzen, seinen eben wiedergefundenen Sohn noch einmal durch einen unbesonnenen oder nicht sicher zum Ziel führenden Schritt zu verlieren. Nach langem Besinnen entwarf er folgenden Plan: Er wollte für den Augenblick nichts unternehmen, sondern sich nach Hause begeben, um Hilfe herbeizuholen. Mehre Personen sollten Eduards Hütte umzingeln und sich seiner bemächtigen.

Dieser Plan war nur langsam auszuführen, und der Vater mußte den Knaben noch einige Tage in der Wildniß lassen; aber es blieb nichts Anderes übrig.

Aber was war aus Eduard geworden? Hatte er sich in seinem blinden Schrecken vielleicht an Bäumen oder Felsen verletzt? Diese Gedanken quälten den Jäger während der Nacht. Einigemale war er im Begriff, sich wieder zur Hütte zu schleichen, um zu sehen, ob Eduard wieder da sei; aber er bedachte, daß die Orangs durchaus nicht gestört werden durften, sie hätten in seiner Abwesenheit sonst ihren dermaligen Aufenthalt verlassen und sich in einem andern Theile des Urwaldes ansiedeln können. Gleichwohl trieb ihn die Unruhe aus seinem Versteck; er schlich zu einem Gebüsch, von wo er die Waldmenschen beobachten konnte, und erwartete daselbst mit Ungeduld den Tag.

Endlich brach der Tag an. Zum Unglück hatte sich der giftige Kabu über den Erdboden bis zu den Kronen der Bäume ausgebreitet, und man konnte nur einige Schritte weit sehen. Es war nicht zu hoffen, daß sich der Nebel binnen einigen Stunden zerstreuen werde, und der Jäger wollte die kostbare Zeit nicht mit Beobachtungen verlieren. Aber er bedachte, daß er in dem Nebel, der ihn hinderte zu sehen, auch nicht gesehen werden konnte, und er schlich, die Unebenheiten des Erdbodens benützend, in die Nähe der Hütten.

Bald bemerkte er zu seiner Freude, daß Eduard langsam zu seiner Hütte zurückkehrte. Der arme Junge war noch trauriger und niedergeschlagener als am Abend, als ob die Stimme seines Vaters peinliche Erinnerungen in ihm geweckt hätte. Er ging nahe an Richard vorüber und setzte sich vor seine Hütte.

Richard errieth oder glaubte zu errathen, welche Gedanken den armen jungen Wilden erfüllten. Wie viel hätte er nicht gegeben, wenn es ihm vergönnt gewesen wäre, seinen Sohn in die Arme zu schließen, ihn zu beruhigen, ihm Alles zu erklären? Aber der erste Versuch war mißlungen, und es war nicht gerathen, einen neuen Versuch zu machen.

»Nur Muth, armes Kind!« dachte der Vater, dem die Thränen aus den Augen stürzten; »noch einige Tage, und Du wirst frei.«

Während er seine innere Bewegung zu bekämpfen suchte, fand einige Schritte von ihm, am Ufer des Baches, ein komischer Auftritt statt. Der weibliche Orang tauchte sein Junges ins Wasser, um es zu waschen. Der kleine Orang schrie und sträubte sich; aber die Mutter beachtete es nicht, sie fuhr, bald Liebkosungen, bald leichte Züchtigungen anwendend, in der Morgentoilette fort. »Sie trocknete ihn ab, beleckte ihn« — sagt ein Reisender, der Augenzeuge einer ähnlichen Scene gewesen war[*] — »und widmete der Reinlichkeit eine Sorgfalt, welche unseren eigenen Kindern in manchen Fällen zu wünschen wäre.« Die Grimassen des jungen Orangs, die Beharrlichkeit der Mutter und der Ernst des Vaters, der auf einem nahen Baume saß und von Zeit zu Zeit durch dumpfes Knurren den Ungehorsam seines Söhnleins zügelte, boten einen Anblick, der den Lippen Richards ein Lächeln entlockt haben würde, wenn seine Lippen nicht längst verlernt hätten zu lächeln.

---

[*] Der Naturforscher Devaucel, welcher Sir Stamford Raffles auf einer Reise durch Sumatra begleitete.

Aber der Jäger hatte von dieser Beobachtung keinen großen Erfolg zu erwarten, und er mußte an den Rückzug denken. Die Orangs konnten aber durch das mindeste Geräusch, durch ein zerbrochenes dürres Reis, durch ein leises Belfern Robin's erschreckt und sammt ihrem Gefangenen in die Flucht gejagt werden. Dann war der Erfolg des ganzen Unternehmens in Frage gestellt. Richard zog sich daher mit der größten Vorsicht zurück. Nachdem er dem Hunde durch Zeichen Schweigen geboten, kroch er langsam durch die Gebüsche und bald befanden sich Beide außerhalb der lichten Waldstelle.

Der Vater entfernte sich indeß nicht ohne tiefen Schmerz von dem theuren Kinde, das er nach so vielen Mühen und Gefahren wieder gefunden hatte. Das letzte Mal, als er Eduard im Nebel bemerkte, saß dieser noch traurig vor seiner Hütte. Er hatte den Kopf auf die Hand gestützt, und trotz des langen herabwallenden Haares konnte man sehen, wie ihm die Thränen über die gebräunten Wangen rollten.

Richard ging nun rasch weiter. Er hoffte den Weg nach Neu-Drontheim in zwei Tagen zurückzulegen und sich den dritten Tag in zahlreicher Gesellschaft wieder auf den Weg zu machen, um seinen Sohn zu befreien. Aber trotz aller Vorsichtsmaßregeln verirrte er sich mehr als einmal in der Wildniß. Nachdem er den Morast auf dem natürlichen Felsenwege wieder überschritten hatte, hoffte er seine Wanderung auf bekanntem Gebiet ungehindert fortsetzen zu können; aber ein trauriger Unfall sollte ihm noch zustoßen.

Der kleine Robin, der seinem Herrn vorauslief, wurde von einer giftigen Schlange gebissen. Dies war keine Seltenheit und oft hatte Richard seinen treuen Gefährten durch schnelle Anordnung gewisser Kräuter geheilt. Auch dieses= mal legte er ihm das gewöhnliche Heilmittel auf die Wunde, aber der Erfolg entsprach seiner Erwartung nicht. Der Hund hatte heftige Schmerzen und schwoll an; bald konnte er nicht mehr gehen und Richard mußte rasten, um ihn zu pflegen. Aber alle Bemühungen blieben fruchtlos; das arme Thier verendete, nachdem es seinen Herrn zärtlich angesehen und ihm die Hände geleckt hatte.

Dieser unerwartete Verlust betrübte den Jäger sehr und machte ihn ganz verzagt.

»Du lieber kleiner Gefährte meiner Leiden,« sagte er mit Thränen in den Augen, und streichelte das todte Hünd= chen. »glaubtest Du denn, daß ich deiner Dienste nicht mehr bedürfe? Warum hast Du unsere Aufgabe unvollendet ge= lassen?«

Er wollte den todten Körper seines treuen Dieners nicht den wilden Thieren preisgeben und grub ihm mit sei= nem Kriß ein kleines Grab; dann ging er traurig und mit schwerem Herzen weiter.

Dieser Unfall hatte ihn lange aufgehalten. Ueberdies konnte der Jäger, dem der kluge, wachsame Robin fehlte, nicht mehr so schnell und sorglos durch den gefährlichen Urwald gehen. So kam er den dritten Tag nach Hause; wir wissen, in welchem Zustande.

Ende des zweiten Theiles.

www.ingramcontent.com/pod-product-compliance
Lightning Source LLC
Chambersburg PA
CBHW022121160426
43197CB00009B/1109